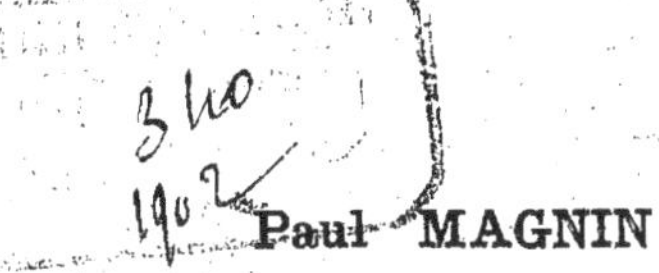

Paul MAGNIN

DOCTEUR EN DROIT
AVOCAT A LA COUR D'APPEL DE GRENOBLE

LA

REVENDICATION DES TITRES AU PORTEUR

PERDUS OU VOLÉS

Commentaire de la loi du 8 février 1902

PORTANT MODIFICATION DE LA LOI DU 15 JUIN 1872

SUR LES TITRES AU PORTEUR

EXTRAIT

DES LOIS NOUVELLES

(*N° du 1er novembre 1902*)

REVUE BI-MENSUELLE DE LÉGISLATION ET DE JURISPRUDENCE

Emile SCHAFFHAUSER, DIRECTEUR

PARIS

<table>
<tr><td>AUX BUREAUX
DES
LOIS NOUVELLES
31 bis, Faubourg-Montmartre, 31 bis</td><td>LIBRAIRIE DE LA SOCIÉTÉ DU RECUEIL
GÉNÉRAL DES LOIS ET DES ARRETS
Et du Journal du Palais
Ancienne Maison L. LAROSE & FORCEL
22, rue Soufflot, PARIS
L. LAROSE, Directeur de la Librairie</td></tr>
</table>

1902

RÉDACTION ET ADMINISTRATION
31 *bis*, rue du Faubourg-Montmartre, 31 *bis*, Paris

LES

LOIS NOUVELLES

Revue de Législation et de Jurisprudence

ET

REVUE DES TRAVAUX LÉGISLATIFS

Paraissant le 1er et le 15 de chaque mois.

RÉDACTEUR EN CHEF : **EMILE SCHAFFHAUSEN**
DOCTEUR EN DROIT

Secrétaire de la Rédaction : E. CHEVRESSON
Avocat à la Cour d'appel de Paris

Chaque Numéro comprend 64 pages

Les *LOIS NOUVELLES* comprennent quatre parties formant des fascicules séparés, chacun avec pagination spéciale.

La 1re PARTIE, intitulée REVUE DE LÉGISLATION, comprend le commentaire de toutes les Lois Nouvelles présentant un intérêt général.

La 2e PARTIE, intitulée REVUE DES TRAVAUX LÉGISLATIFS, comprend l'exposé des projets de loi et des rapports déposés à leur occasion *et en outre un tableau des travaux législatifs dans les deux Chambres.*

La 3e PARTIE, intitulée LOIS ET DÉCRETS, renferme non seulement tous les textes d'intérêt général, mais encore les circulaires ministérielles relatives à leur application, et se trouve être ainsi LE SUPPLÉMENT LE PLUS COMPLET DE TOUS LES CODES.

La 4e PARTIE, intitulée REVUE DE JURISPRUDENCE, enregistre toutes les décisions judiciaires relatives aux nouveaux textes législatifs et complète ainsi la 1re partie.

Les commentaires publiés par les *LOIS NOUVELLES* comprennent l'exposé de la législation et de la jurisprudence antérieures à la nouvelle loi, l'exposé des travaux législatifs, et enfin l'examen critique de toutes les difficultés auxquelles pourra donner lieu l'interprétation de la loi.

Abonnement annuel : Paris et départements : 15 fr.
Etranger : 18 fr.

REVENDICATION DES TITRES AU PORTEUR
PERDUS OU VOLÉS

Paul MAGNIN

DOCTEUR EN DROIT
AVOCAT A LA COUR D'APPEL DE GRENOBLE

LA
REVENDICATION DES TITRES AU PORTEUR
PERDUS OU VOLÉS

Commentaire de la loi du 8 février 1902

PORTANT MODIFICATION DE LA LOI DU 15 JUIN 1872

SUR LES TITRES AU PORTEUR

EXTRAIT
DES LOIS NOUVELLES

(*N° du 1er novembre 1902*)

REVUE BI-MENSUELLE DE LÉGISLATION ET DE JURISPRUDENCE

Emile SCHAFFHAUSER, DIRECTEUR

PARIS

<table>
<tr><td>AUX BUREAUX
DES
LOIS NOUVELLES
31 bis, Faubourg-Montmartre, 31 bis</td><td>LIBRAIRIE DE LA SOCIÉTÉ DU RECUEIL
GÉNÉRAL DES LOIS ET DES ARRETS
Et du Journal du Palais
Ancienne Maison L. LAROSE & FORCEL
22, rue Soufflot, PARIS
L. LAROSE, Directeur de la Librairie</td></tr>
</table>

1902

LA

REVENDICATION DES TITRES AU PORTEUR
PERDUS OU VOLÉS

*Commentaire de la loi du 8 février 1902, portant modification
de la loi du 15 juin 1872 sur les titres au porteur (1).*

Section I. — **Imperfections de la loi du 15 juin 1872. —
Nécessité d'une réforme.**

**1. — Critiques adressées au système d'oppositions établi
par la loi de 1872.** — La loi du 15 juin 1872 et la protection
qu'elle accorde aux propriétaires de titres perdus ou volés ont été
l'objet de critiques assez vives, au cours de ces dernières années. On
leur a reproché d'entraver la circulation des titres au porteur, de
jeter l'insécurité sur le marché, d'encourager l'épargne française à se
porter sur les valeurs étrangères ; et le *Congrès international du
commerce et de l'industrie*, tenu à Paris lors de l'Exposition univer-
selle de 1900 (2), s'est même prononcé en faveur d'un système légis-

---

1. — **Travaux parlementaires.** — La loi du 8 février 1902 est due à l'initiative gouvernementale. Un projet de loi a été déposé par le Ministre de la justice au Sénat le 21 décembre 1900 (*J. off. Doc. parlem. Sénat, Sess. extraord.*
de 1900, *annexe* n° 421, p. 846). Quelques modifications de détail ont été appor-
tées à sa rédaction par la Commission du Sénat (dont le rapporteur était
M. Grivart, qui avait été rapporteur de la loi de 1872 à l'Assemblée nationale :
voy. son dernier Rapport au *J. off. Doc. parl. Sénat, Sess. ord.* de 1901,
annexe au procès-verbal de la séance du 19 mars 1901, n° 640). Ces changements se rapportaient tous à l'ordre des dispositions ou à la rédaction des
articles, dont ils avaient pour but de rendre le texte plus précis. Le projet
ainsi amendé a été adopté sans discussion par le Sénat, dans ses séances du 24
mai (1re délibération) et du 20 juin 1901 (2e délibération). A la deuxième séance,
le rapporteur s'est borné à résumer devant la haute Assemblée les dispositions de
la loi. — Transmis à la Chambre des députés le 28 juin 1901, le projet y a fait
l'objet d'un rapport de M. Cruppi (*J. off. Doc. parl. Ch. des dép., Sess.
extraord.* de 1901. *Annexe au procès-verbal de la séance du 29 novembre*
1901, n° 2794). Il a été adopté sans discussion, après déclaration de l'urgence,
le 3 février 1902 (voy. le texte de la loi dans les *Lois Nouvelles*, 1902, 3, 73).

2. — Voy. le compte-rendu résumé de ce Congrès dans *les Annales de droit
commercial*, 1900, p. 477.

1

latif excluant la revendication des titres au porteur perdus ou volés, en émettant le vœu d'une entente internationale destinée à le généraliser.

Cette thèse trop absolue n'a jamais été soutenue devant le Parlement, car les avantages du système d'oppositions institué en 1872 ne sont pas contestables. Il n'apporte, en effet, aucun obstacle sérieux à la négociation des valeurs de Bourse, et il protège les petits portefeuilles contre les détournements de toute nature. En plaçant hors du commerce, pour une durée qui peut être illimitée, les titres au porteur perdus ou frauduleusement soustraits, il diminue largement les chances de gain qui servent toujours de stimulant à la coupable industrie des voleurs de titres. Aussi la loi du 8 février 1902 ne change rien aux principes essentiels de la législation antérieure : elle n'a d'autre but que de réparer certaines imperfections de la procédure établie en 1872, dont les lacunes expliquent, sans les justifier d'une manière absolue, les attaques dirigées contre le principe même de la revendication des titres au porteur perdus ou volés. Mais on ne peut se rendre compte de la nécessité des réformes réalisées par la loi nouvelle qu'après avoir exposé, dans ses grandes lignes, l'ensemble des mesures prises par le législateur de 1872 au profit des propriétaires dépossédés.

2. — Système d'oppositions organisé par la loi du 15 juin 1872. — Les articles 2 et 11 de la loi obligent le propriétaire qui a perdu ses titres au porteur à employer deux procédures d'opposition parallèles, mais indépendantes l'une de l'autre. Toutes deux consistent dans un acte d'huissier énonçant le fait de la perte ou du vol avec les circonstances de temps, de lieu et autres qui l'ont accompagné ; chacun de ces actes contient l'indication du nombre, de la nature, de la valeur et des numéros des titres, et généralement toutes les mentions de nature à établir le droit de propriété de l'intéressé.

La première opposition (ou plutôt celle dont la loi parlait en premier lieu, à son art. 2) doit être signifiée à l'établissement débiteur, auquel elle interdit de payer le capital ou les intérêts du titre à tous les porteurs autres que l'opposant. A partir du jour où la Société débitrice reçoit cette notification, elle ne peut plus se prévaloir des dispositions de l'article 1240 du Code civil (1) : tout paiement fait par elle à un tiers devient sans valeur vis-à-vis du propriétaire dépouillé. Lorsque le titre volé ou perdu lui est présenté par un tiers, la Compagnie doit non seulement s'abstenir d'en payer les intérêts ou le capital, mais encore retenir provisoirement le titre, contre récépissé, et avertir l'opposant par lettre chargée, en lui faisant connaître le nom et l'adresse du porteur. L'omission de l'une ou de l'autre de ces précau-

---

1. — On sait que, d'après ce texte, le paiement fait à celui qui est en possession de la créance est libératoire pour le débiteur qui l'a effectué de bonne foi.

tions engagerait sa responsabilité (1), car c'est en l'avertissant de cette manière que la Compagnie procure à l'opposant les moyens de rentrer en possession de son titre. S'il veut prendre l'initiative du procès, il agit par voie de revendication contre le tiers porteur. S'il préfère attendre, ce sera le tiers porteur qui, dans la pratique, l'assignera en mainlevée d'opposition.

Cette procédure n'est pas la seule. L'article 11 en établit une seconde, qui a pour but d'empêcher la négociation du titre égaré : cette deuxième opposition, qui est la plus importante, doit être signifiée à la Chambre syndicale des agents de change de Paris (2). L'acte contient les mêmes énonciations que le premier, et en plus une réquisition d'avoir à faire insérer les numéros des titres perdus dans un Bulletin spécial, publié quotidiennement par la Chambre syndicale, le *Bulletin des oppositions*. Le Syndicat des agents de change doit déférer à cette réquisition dans le délai maximum d'un jour franc (art. 11). II va sans dire que le requérant est tenu d'offrir, dans l'exploit, de payer le coût de cette publication (3).

L'effet de cette deuxième opposition est de prévenir toute transmission ultérieure des titres. Le principe est posé par l'article 12 : toute négociation ou transmission postérieure au jour où le *Bulletin des oppositions* est parvenu ou aurait pu parvenir par la voie de la poste dans le lieu où elle a été faite, est sans effet vis-à-vis de l'opposant, sauf le recours du tiers porteur contre son vendeur et contre son agent de change. L'article 14 complète ces dispositions en déclarant qu'au contraire, à l'égard des négociations ou transmissions de titres antérieures à la publication de l'opposition, il n'est pas dérogé aux dispositions des articles 2279 et 2280 du Code civil, dont le tiers acquéreur de bonne foi peut toujours invoquer le bénéfice.

Tels sont les résultats de la publicité donnée à la seconde opposi-

---

1. — La Société engage sa responsabilité, par exemple, lorsqu'elle retient simplement les titres sans prévenir l'opposant. Trib. civ. de la Seine, 20 mars 1894, D. P. 95, 2, 81 (note de M. Valéry).

2. — Il en est toujours ainsi, même pour les titres perdus ou volés dans les départements : le législateur considère la Bourse de Paris comme le centre principal de la négociation des valeurs mobilières.

3. — Ce prix est de 0,50 centimes par numéro de valeur et par an (art. 3 du décret du 10 avril 1873, rendu en exécution de la loi de 1872). Il doit être payé d'avance, à la fin de chaque année, pour l'année suivante. On peut s'abonner au Bulletin (70 fr. par an) ou en acheter les numéros (0,50 centimes). D'après l'art. 10 du décret du 10 avril 1873, l'opposant et les tiers porteurs de titres frappés d'opposition (ou leurs ayants-cause) peuvent obtenir, moyennant un droit de un franc en sus du timbre, une copie certifiée ou un extrait des actes d'opposition ou de main-levée qui les intéressent. Toute personne, moyennant un droit de 0,50 centimes, peut obtenir l'indication du nom et du domicile de l'opposant, ainsi que de la date de l'opposition. Le Syndicat des agents de change est tenu de donner à tout requérant communication gratuite, mais sans déplacement, des numéros du Bulletin dont le tirage est épuisé.

tion : et ils n'ont rien d'excessif, puisque le *Bulletin* est mis à la disposition, non seulement des agents de change, mais encore de tous ceux qui veulent transmettre eux-mêmes leurs titres sans recourir à un intermédiaire (1). Toute personne a le droit de consulter le dernier numéro publié, avant de procéder à l'achat d'un titre : dans ces conditions la loi peut, sans porter atteinte à aucun intérêt légitime, décider que les oppositions mentionnées au *Bulletin* produiront effet *erga omnes*, et déclarer nulle, vis-à-vis de l'opposant, toute négociation postérieure. Celui qui acquiert un titre frappé d'une opposition dont il peut si aisément connaître l'existence commet un dol ou une faute lourde, dont il doit subir les conséquences. Lorsqu'il se retrouvera en présence de l'opposant, il sera tenu de lui restituer son titre, sauf à se retourner, d'après les principes de la garantie en matière de vente, contre son vendeur (ou contre l'agent de change qui joue, vis-à-vis du vendeur, le rôle d'un commissionnaire ducroire).

3. — Indépendance des deux oppositions dans le système de la loi de 1872 : ses dangers. — On voit que, dans le système édifié par la loi du 15 juin 1872, chacune des deux oppositions a son utilité particulière. Réunies, ces deux procédures procuraient à l'opposant une sécurité complète, puisqu'elles lui permettaient à la fois d'empêcher la négociation du titre perdu et d'arrêter immédiatement le service de ses intérêts. Malheureusement la loi de 1872 n'établissait aucun lien entre elles, et en dépit de son importance, la place que la loi attribuait à la deuxième semblait la reléguer à un rang secondaire. Par suite, certains propriétaires se persuadaient à tort qu'une signification à la Société débitrice suffisait pour sauvegarder leurs droits : ils oubliaient d'adresser au Syndicat des agents de change de Paris la seconde notification prescrite par l'article 11. Ils empêchaient ainsi les voleurs de titres d'en toucher les intérêts ou le capital, mais leur opposition n'apportait aucun obstacle à la transmission des titres dérobés, qui pouvaient toujours être acquis par un tiers de bonne foi, et ils perdaient ainsi, sans retour, leur action en revendication. Or chacun sait que le premier soin du malfaiteur qui a soustrait frauduleusement des valeurs au porteur est d'aller les négocier chez un changeur ou dans les bureaux d'une Société financière, afin d'en réaliser le prix et d'échapper de suite aux recherches du propriétaire.

Ce n'est pas seulement pour les porteurs dépossédés que cet état de choses offrait de graves inconvénients. Il en présentait peut-être davantage pour les tiers, qui se trouvaient constamment exposés au danger d'acquérir, à la Bourse, des titres frappés ainsi d'une seule

---

1. — Voyez la note précédente.

opposition. En effet, une signification adressée exclusivement aux Compagnies ne pouvait être connue que de l'opposant lui-même, et les tiers n'avaient aucun moyen d'en apprendre l'existence. L'acheteur, qui se croyait propriétaire incontesté du titre qu'il venait d'aquérir, se présentait à la Compagnie débitrice pour en toucher les coupons, et s'y heurtait à une opposition que rien n'avait pu lui faire prévoir, puisqu'aucun signe extérieur ne distinguait les titres frappés ainsi d'opposition entre les mains des seules Compagnies. Privé des revenus de son titre, l'acheteur se voyait obligé, s'il estimait l'opposition mal fondée, d'intenter à l'opposant un procès en mainlevée devant les tribunaux civils.

Ce qui rendait encore cette situation plus périlleuse pour les tiers, c'est que les deux oppositions, distinctes à leur origine, demeuraient toujours indépendantes l'une de l'autre. L'opposition signifiée à la Chambre syndicale des agents de change pouvait cesser de produire effet, lorsque l'opposant refusait de continuer le paiement de la publication au *Bulletin*; mais l'opposition notifiée à l'établissement débiteur n'en conservait pas moins toute son efficacité, tant qu'il n'y avait pas eu mainlevée. De ce chef, le nombre des valeurs frappées d'une seule opposition et circulant ainsi en Bourse était encore augmenté. En présence d'une pareille insécurité, les adversaires de la loi de 1872 pouvaient soutenir, avec quelque raison, que ce système rendait les transactions dangereuses, puisqu'aucun acquéreur n'avait la certitude absolue d'acheter un titre exempt de toute opposition au moment où il le recevait.

4. — Conséquences de la loi de 1872 pour les agents de change : leur responsabilité aggravée par la jurisprudence. — Si l'indépendance des deux oppositions était de nature à causer, le cas échéant, un grave préjudice aux tiers, il arrivait aussi que la notification plus ou moins tardive d'une opposition au Syndicat des agents de change donnait lieu à des actions en responsabilité contre ces intermédiaires, lorsque la publication des numéros des titres dans le *Bulletin des oppositions* survenait au cours de la négociation en Bourse, mais avant la livraison à l'acheteur.

On sait en effet qu'aux termes de l'article 12, toute négociation des titres perdus, effectuée postérieurement à cette publication, est nulle vis-à-vis de l'opposant, sauf le droit pour le tiers porteur d'exercer son recours en garantie contre son vendeur et contre l'agent de change qui aura conclu l'opération. L'agent de change n'engage donc sa responsabilité que s'il prête son ministère à la conclusion d'un marché au mépris d'une publication effectuée antérieurement au *Bulletin*, et la question semblait tranchée par le dernier alinéa de l'article 12, d'après lequel, sauf le cas de mauvaise foi de leur part, les agents ne sont responsables des négociations faites par leur entremise qu'autant que les oppositions leur auraient été signifiées personnellement ou qu'elles auraient été publiées dans le *Bulletin* par les soins du Syndicat. Il paraissait bien résulter de ce texte que l'agent chargé de négocier des titres au porteur était à l'abri de toute action en garantie, lorsqu'avant de procéder à la négociation il avait consulté le *Bulletin* et s'était assuré, par cette lecture, que les titres n'étaient l'objet d'aucune opposition. Et cependant les décisions judiciaires les plus récentes déclaraient l'agent responsable dans certains cas où il avait consulté le *Bulletin des oppositions* avant de vendre les titres, mais où l'opposition était intervenue avant que l'acheteur n'en eût pris possession.

Il y avait controverse, en effet, sur la question de savoir à quel moment l'on devait considérer comme accomplie la négociation des valeurs au porteur, au point de vue de la loi de 1872. Dans la pratique, cette négociation exige un délai de plusieurs jours. L'agent de change, simple commissionnaire, vend ou achète, en son nom personnel, en vertu des ordres que lui donnent ses clients. Mais au moment où ces ordres sont reçus et exécutés à la Bourse, les titres qui en font l'objet ne sont envisagés qu'*in genere*, sans aucune préoccupation des numéros qui servent à les désigner. La vente porte, par exemple, sur 10, 20, 50 obligations des chemins de fer du Midi, 10, 20, 50 actions du Crédit Lyonnais, etc. Les titres ne sont individualisés que le jour où les agents de change, les ayant reçus des donneurs d'ordres, en inscrivent les numéros sur leurs livres, c'est-à-dire à une époque toujours postérieure de quelques jours à la vente.

Ces délais s'augmentent encore en fait, si l'on tient compte de l'observation des articles 41 et 42 du règlement des agents de change de Paris (1), du 3 décembre 1891. D'après l'article 41, lorsqu'un agent a reçu l'ordre de vendre des titres et qu'il l'a exécuté, il doit tenir les fonds de la vente à la disposition du donneur d'ordre dès le surlendemain du jour de la négociation, ou s'ils n'ont été remis qu'après cette négociation, dès le surlendemain du jour où ils lui ont été remis.

C'est avant d'opérer cette remise que l'agent de change s'assure toujours, en consultant le *Bulletin*, que les titres dont livraison lui est faite ne sont frappés d'aucune opposition (2). Cette constatation effectuée,

---

1. — On trouvera le texte de ce règlement, approuvé par le Ministre des finances, dans les *Lois nouvelles*, 1891, 3, 208.

2. — Si le titre était frappé d'opposition, l'agent devrait se refuser à donner suite à la négociation. La loi ne l'oblige d'ailleurs ni à avertir l'opposant ni à retenir le titre. Il le restituera simplement à son client. — Sur l'extension donnée par la Cour de cassation à ces obligations de l'agent de change, voyez *infra*, n° 15.

il n'a plus qu'à opérer l'application de ces titres au donneur d'ordre ou à l'agent de change acheteur. Or, ce travail de l'application est compliqué. Il comporte des lenteurs inévitables, consacrées d'ailleurs par l'article 42 du Règlement précité, d'après lequel les titres au porteur négociés au comptant doivent être livrés par l'agent vendeur au plus tard à la cinquième Bourse qui suit celle de la négociation. Les agents, ayant chacun des quantités considérables de titres de même nature à livrer et à recevoir, aiment mieux procéder par voie de compensation. Il s'écoule donc plusieurs jours, dans tous les cas, entre la vente en Bourse et la livraison des titres à l'acheteur. Qu'arrivera-t-il si, pendant ce temps, une opposition est publiée au *Bulletin*?

Prenons un exemple. L'ordre de vente avec dépôt du titre est du 2 juillet ; il est exécuté à la Bourse de l'après-midi ; les certificats ne sont livrés à l'acheteur (ou à son agent de change) que le 7 juillet. Une opposition paraît le 5 au *Bulletin* : quel sera son effet sur le marché ainsi conclu ?

Tout dépend du point de savoir à quel moment la négociation est terminée. Est-ce le 2 juillet, jour de la vente ? L'opposition sera inefficace : l'acheteur pourra se retrancher derrière l'art. 2279 C. civ. Est-ce au contraire le 7 juillet ? Elle sera valable, et l'opposant aura le droit de revendiquer la propriété de son titre.

Avant la loi du 8 février 1902, la jurisprudence s'était divisée sur cette délicate question.

D'après certaines décisions, l'opposition était inefficace lorsqu'elle n'intervenait qu'après l'individualisation des titres, c'est-à-dire postérieurement à l'attribution qui en avait été faite à son client par l'agent acheteur, sur ses livres (voy. en ce sens Trib. civ. Seine, 11 décembre 1889, *Droit financier*, 1890, p. 281, — 28 octobre 1892, *Dr. fin.* 1893, p. 149, — 12 avril 1894, *Dr. fin.* p. 298, — 24 juillet 1894, *Dr. fin.* 1895, p. 32, — 24 mars 1899, *Gaz. des Trib.* du 7 juin 1899. — Lyon-Caen et Renault, *Traité de droit commercial*, 3e éd. t. 2, n° 638. — Wahl, *Titres au porteur*, n° 1519). Suivant d'autres, la négociation devait être considérée comme ayant eu lieu, lorsque les titres avaient été spécifiés, au nom de l'agent acheteur, sur les livres de l'agent vendeur (Trib. civ. Seine, 28 février 1899, *Gaz. des Trib.* du 4 juin 1899, — 12 février 1901, *Monit. judiciaire de Lyon*, 16 août 1901). Mais toutes ces décisions se rattachaient à une idée commune, celle de la nécessité d'une négociation portant sur des titres spécifiés.

Quelques jugements allaient jusqu'à soutenir que la publication de l'opposition ne pouvait être opposée à l'agent de change, lorsque celui-ci, antérieurement à cette opposition, avait reçu les titres des mains du donneur d'ordre et en avait effectué la vente en Bourse :

Trib. civ. Seine, 27 juillet 1897, le *Droit* du 4 janvier 1898, — et 16 février 1898, le *Droit* du 1ᵉʳ avril 1898. Cette solution était certainement la plus équitable et peut-être même la plus conforme à l'esprit de la loi (1) ; mais elle ne s'accordait guère avec son texte, et n'avait pas triomphé (2).

La majeure partie des décisions récentes consacrait un principe beaucoup plus rigoureux. D'après les arrêts les plus nombreux, la négociation ne pouvait être considérée comme achevée que si les titres vendus avaient été effectivement livrés à l'acheteur. La jurisprudence ne se contentait pas de l'attribution faite à l'acheteur par son agent de change sur ses livres, parce que, disait-elle, cette attribution ne pouvait être l'équivalent de l'appréhension nécessaire pour transférer la propriété à l'acheteur (Trib. civ. Seine, 2 août 1898, *la Loi* du 26 octobre 1898).

Les arrêts exigeaient presque tous une livraison effective des titres. Quelques-uns se contentaient de leur remise par l'agent vendeur à l'agent acheteur (Cass. req. 17 décembre 1878, D. P. 79.1.287, Sir. 80, 1, 49, note M. Labbé). — Trib. civ. Seine, 25 mai 1895, *Gaz. des Trib.* du 8 août 1895.— Paris (1ʳᵉ ch.), 26 juillet 1895, Sir. 97, 2.305 et note de M. Albert Wahl, qui s'attache uniquement à l'individualisation des titres). Mais la plupart des tribunaux déclaraient encore insuffi-

---

1. — Voyez *infrà,* p. 10, note 1.

2. — Un jugement récent du tribunal de la Seine, statuant sur des faits antérieurs à la promulgation de la loi nouvelle, admet que toute opposition faite en vertu de la loi du 15 juin 1872 devait être publiée antérieurement à l'inscription sur les registres de l'agent de change vendeur des numéros des titres que lui a remis son donneur d'ordre : et comme, en l'espèce, l'opposition n'avait été publiée que postérieurement à cette inscription, le tribunal civil de la Seine l'a déclarée inopérante et en a prononcé la mainlevée au profit de l'agent détenteur des titres, qui la réclamait (Trib. civ. Seine, 15 mai 1902, *Gaz. des trib.* du 30 août 1902). Cette décision devance la loi du 8 février 1902, puisqu'elle considère l'inscription des titres sur les registres de l'agent vendeur, au moment où ils lui sont remis, comme constituant la négociation prévue par l'art. 12 de la loi du 15 juin 1872. Une pareille solution serait exacte à l'heure actuelle (voy. *infrà*, p. 23 et 24) : sous l'empire de la loi ancienne, elle était contraire à toute la jurisprudence.

Il est vrai que, dans le procès soumis au tribunal de la Seine, l'agent de change demandeur en mainlevée avait fait plaider la rétroactivité de la loi du 9 février 1902, qui n'avait pour but, d'après lui, que d'interpréter celle de 1872. Le Tribunal n'a pas osé aller si loin, mais son désir de satisfaire les prétentions du demandeur l'a conduit à donner de l'ancien art. 12 une interprétation qu'il eût probablement rejetée avant la promulgation de la loi nouvelle. Si l'on admet que la négociation, aux termes de la loi ancienne, ne pouvait porter que sur des titres spécialisés, on doit en conclure que la loi de 1872 n'est pas interprétée, mais modifiée par celle de 1902, et c'est à l'inscription des titres sur les registres de l'agent de change *acheteur* qu'il faut au moins s'attacher, lorsqu'il s'agit simplement d'appliquer la loi de 1872 (voyez en ce dernier sens Lyon-Caen et Renault, *Traité de droit commerc.*, 3ᵉ éd., t. II, p. 477). La loi du 8 février 1902 ne saurait donc produire aucun effet rétroactif.

sante la livraison faite à l'agent acheteur : les agents de change, disaient-ils, ne peuvent pas détenir en qualité de propriétaires les titres qu'ils négocient, et par suite la livraison de ces titres, effectuée entre eux, ne saurait constituer, au regard de leurs clients, un acte translatif de propriété (Trib. civ. de la Seine, 5 mai 1900, le *Droit* du 19 juillet 1900).

Pour que la négociation d'un titre volé ou perdu pût être réputée *postérieure à la publication de l'opposition* (au sens de l'art. 12 de la loi) il ne suffisait pas que le titre eût été vendu en Bourse avant l'opposition : il fallait encore que le titre eût fait l'objet, avant cette opposition, d'une tradition réelle au client acheteur (Trib. civ. Seine, 12 mai 1883, *Revue des Sociétés*, 1884, p. 94. — Paris, 2 juillet 1891, *Gaz. Pal.* 91, 2, 226. — Trib. civ. Seine, 4 décembre 1895, *Gaz. Pal.* 95, 2,698. — Trib. civ. Seine, 2 août 1898, *Rev. des Sociétés*, 1899, p. 28 ; *le Droit* du 19 novembre 1898). — Paris, 16 juin 1899, *Gaz. Pal.* 99, 2, 449. — Trib. civ. Seine, 3 février 1900, *Gaz. Pal.* 1900, 1.584. — Trib. civ. Seine, 5 mai 1900, précité. — Lyon, 11 mai 1900, *Moniteur judiciaire de Lyon* du 2 août 1900. — En ce sens, voy. aussi la note de M. Labbé sous Cass. req. 17 décembre 1878, *Sir.* 80, 1, 49, précité. — Baudry-Lacantinerie et Tissier, *Traité de la prescription*, n° 142. Deloison, *Traité des valeurs mobilières*, n° 621).

Dans notre exemple, la négociation du titre n'était véritablement effectuée que le jour de la livraison, le 7 juillet. Par suite, si avant le 5 l'agent vendeur s'était fait remettre les titres par son client et lui en avait réglé le prix après avoir constaté l'absence d'opposition au *Bulletin*, sa responsabilité n'en demeurait pas moins engagée. La jurisprudence lui reprochait d'avoir mis en possession l'acheteur, qui pouvait se retourner en garantie contre lui : et comme en sa qualité de simple intermédiaire, l'agent ne pouvait être réputé possesseur des titres, la Cour de Paris, dans son arrêt du 26 juillet 1895, lui refusait le droit d'invoquer l'art. 2280 C. civ. et d'exiger, avant de se dessaisir de ces titres, que le tiers revendiquant lui remboursàt le prix qu'il avait payé.

Cette dernière proposition était exacte en elle-même, mais le système de la jurisprudence n'en était pas moins critiquable, car s'il est vrai, en principe, que la propriété des choses de genre se transmet par la tradition, il ne faut pas oublier que l'individualisation de la chose vendue, lorsqu'elle est opérée avant la tradition, suffit au transfert de la propriété. La tradition elle-même n'est qu'un des modes d'individualisation les plus habituels, qui peut être suppléé par d'autres. Or, en matière de vente de titres en Bourse, le moment où cette individualisation se produit est celui où, la vente ayant eu lieu, les titres sont attribués par l'agent de change acheteur à son client, au moyen des indications portées sur ses livres, lesquelles ont pour but de désigner certains titres que l'agent doit remettre à tel client déterminé (Lyon-Caen et Renault, *op. cit.*, 3ᵉ éd. t. II, nᵒ 638, p. 477, et t. III, nᵒˢ 96 et suiv.). A coup sûr, cette jurisprudence était commode pour le propriétaire dépossédé, qui n'était pas obligé de former son opposition le jour même où il s'aperçoit de la perte de ses titres, et pouvait ainsi attendre quelque temps. Mais pour les agents de change, un pareil système aboutissait à des conséquences excessives, puisqu'il les condamnait à subir les conséquences d'une opposition tardivement publiée et dont aucun signe ne leur permettait de soupçonner l'existence lorsqu'ils avaient procédé à la négociation du titre. En pratique, l'agent qui a réglé le prix de la vente le 4 juillet aurait beaucoup de peine, quelques jours après, à retrouver le vendeur. Tel autre a une comptabilité trop chargée pour retrouver à quelques jours d'intervalle une vérification qui lui a démontré que le titre était exempt d'opposition. Tout ce qu'on peut raisonnablement exiger de l'agent de change, c'est qu'il consulte le *Bulletin des oppositions* avant de recevoir les titres du client vendeur : l'obliger encore à le consulter avant de payer ou surtout à ne payer qu'après la livraison faite à l'acheteur, ce serait apporter un retard intolérable au règlement des affaires (1).

5. — Procédure à suivre par l'opposant pour obtenir du Président du tribunal l'autorisation de toucher les intérêts et le capital du titre. — La loi de 1872 ne se contente pas de mettre à la disposition du propriétaire dépossédé les procédures d'opposition nécessaires pour arrêter la négociation de son titre et empêcher les porteurs illégitimes d'en percevoir les revenus. Elle lui fournit encore les moyens d'arriver à les toucher lui-même, avec l'autorisation de justice. Aux termes de l'art. 3 de la loi, l'opposant qui voulait en obtenir le droit devait s'adresser au Président du tribunal civil du lieu de son domicile et lui demander cette autorisation (2) par voie de re-

---

1. — Telle était bien la pensée du Rapporteur de la loi de 1872. « Que les « agents de négociation, disait M. Grivart, consultent le *Bulletin* au moment « où des titres leur ont été apportés par leurs clients pour en opérer la vente, « voilà ce que la loi a le droit d'exiger d'eux. On ne saurait aller plus loin et « imposer à ces officiers publics d'autres recherches, d'autres investigations, « sans créer pour eux des obligations incompatibles avec la rapidité du mouve- « ment des affaires et la multiplicité des transactions ». La jurisprudence que nous critiquons aggravait la responsabilité des agents de change dans des cas où ils n'avaient commis aucune faute : elle était donc contraire au vœu de la loi.

2. — Cette autorisation du Président, accordée par voie d'ordonnance sur requête, a une importance considérable dans le système de la loi de 1872, car elle devient le point de départ du délai de dix ans à l'expiration duquel l'opposant sera fondé à se faire délivrer un duplicata du titre séparé. Voy. *infrà*, nᵒ 6.

quête : mais il ne pouvait le faire qu'à deux conditions. Il fallait d'abord qu'une année se fût écoulée depuis l'opposition sans qu'elle eût été contredite. Il fallait ensuite que, dans cet intervalle, deux termes au moins d'intérêts ou de dividendes eussent été mis en distribution. Le Président accordait ou refusait l'autorisation par une ordonnance spéciale : en cas de refus, l'opposant avait le droit de saisir, par voie de requête, le tribunal de son domicile qui statuait après avoir entendu le ministère public.

Cette ordonnance du Président ne pouvait jamais être obtenue lorsque les conditions de l'art. 3 n'étaient pas remplies, et notamment lorsque le titre perdu n'était susceptible de produire ni intérêts, ni dividendes (1), ou lorsque les distributions de revenus périodiques auxquelles il donnait droit avaient cessé, pour un motif quelconque, pendant l'année qui avait suivi l'opposition (3). Dans ces deux cas, l'opposant ne retirait de la procédure engagée par lui qu'un avantage purement négatif, puisque son opposition ne lui permettait point de toucher les revenus ou le capital du titre.

La nécessité d'une contradiction soulevait également certaines difficultés. Cette exigence de la loi se comprend aisément : car l'absence de contradiction pendant l'année qui suit l'opposition est la meilleure présomption en faveur du droit de propriété de l'opposant ; elle fait naturellement supposer qu'il est propriétaire du titre qu'il soutient être perdu ou volé.

Mais dans quels cas pouvait-on dire que l'opposition avait été réellement *contredite* ? C'est sur ce point que naissait la controverse. D'après certaines Compagnies, il suffisait, pour qu'il y eût contradiction au sens de la loi, que pendant l'année qui suivait l'opposition des coupons détachés du titre fussent présentés à l'encaissement par un tiers. Peu importait que ce tiers fût un simple intermédiaire et ne réclamât pour lui aucun droit personnel : même dans ce cas, l'opposant ne pouvait obtenir du Président du Tribunal la permission de toucher les revenus ou le capital du titre.

Cette doctrine était certainement excessive, car les coupons des titres au porteur sont souvent encaissés par des intermédiaires qui ne prétendent nullement à la propriété des titres. Parfois même ils ont pu être détachés du titre avant sa perte et remis par le propriétaire

---

1. — La loi de 1872 n'avait pas prévu qu'il pourrait un jour entrer dans la circulation des valeurs comme les lots Panama, les bons fonciers, les bons de l'Exposition, etc., qui ne produisent pas d'intérêts. A interpréter strictement la loi, les propriétaires dépossédés de ces titres n'auraient jamais pu obtenir le droit d'en toucher les revenus ni celui d'en réclamer un duplicata.

2. — Ces titres, quoique dépréciés, peuvent cependant se négocier en Bourse ; ils retrouvent parfois leurs anciens cours : il n'y avait aucune raison pour empêcher les propriétaires d'en obtenir un duplicata ou d'en toucher le capital.

lui-même à des tiers, à titre de monnaie courante ; il serait inadmissible que ces tiers pussent ensuite empêcher l'opposant de toucher les revenus de son titre en présentant eux-mêmes les coupons qu'ils tiennent de lui à l'établissement débiteur.

La jurisprudence, après certaines hésitations, avait fini par distinguer suivant l'attitude prise par les tiers qui présentaient ainsi des coupons aux guichets des Compagnies dans l'année suivant l'opposition. S'ils acceptaient les récépissés délivrés par ces Compagnies, celles-ci devaient présumer chez eux l'intention de contredire l'opposition, et pouvaient se refuser à délivrer le certificat de non-contradiction réclamé par l'opposant. Si au contraire les tiers acceptaient le refus de paiement des coupons et laissaient les Compagnies les retenir sans protestation ni réserve, sans faire aucune diligence pour établir et exercer leur droit de propriété, il n'y avait plus de contradiction au sens de l'article 3, et l'opposant pouvait obtenir le droit de toucher les revenus de son titre (Paris, 5 avril 1887, D. P. 87, 2, 213. — Trib. civ. de Corbeil, 21 mars 1888, *la Loi* du 20 avril 1888).

D'une manière générale, les tribunaux décidaient qu'il n'y avait contradiction au sens légal que si le coupon était présenté par un tiers affirmant son droit de propriété sur le titre (Trib. civ. Seine, 13 novembre 1900, *Gaz. Pal.*, 1900, 1, 92.— Trib. civ. Seine, 18 avril 1901, *Le Droit* du 9 juin 1901). La sécurité des transactions ne pouvait que gagner à la suppression de ces controverses.

6. — Délivrance d'un duplicata. — Annulation du titre primitif. — Des discussions de même nature s'étaient élevées au sujet de la délivrance d'un nouveau titre au propriétaire dépossédé. D'après l'article 15 de la loi de 1872, lorsqu'il s'est écoulé dix ans depuis le jour où l'opposant a obtenu du Président du Tribunal l'autorisation de toucher les revenus de son titre, il peut exiger de l'établissement débiteur la remise d'un titre semblable à celui qu'il a perdu. — La loi de 1872 exigeait en outre que ce laps de temps se fût passé sans que personne se présentât pour recevoir les intérêts ou dividendes attachés au titre. Disposition peu rationnelle, surtout si on la rapproche de la jurisprudence qui s'est formée sur l'interprétation de l'article 3. Il n'est pas équitable de considérer la présentation de simples coupons comme une contradiction suffisante, et l'on peut même dire — comme précédemment — que si, postérieurement à l'opposition, des coupons sont présentés à l'encaissement, et si la Compagnie débitrice refuse de les payer en les retenant par devers elle (comme la loi lui en fait un devoir) sans protestation de la part du porteur, de semblables faits ne peuvent que fortifier les présomptions qui militent en faveur du droit de propriété de l'opposant.

Mais le principal danger, pour les tiers acquéreurs, tenait à la réapparition (toujours possible) sur le marché des titres frappés de déchéance. Dans le système de l'article 15, lorsque le propriétaire dépossédé obtient de la Société débitrice la remise d'un nouveau titre, le titre primitif (objet de la perte ou du vol) est frappé de déchéance, et le tiers porteur qui le représenterait après la remise du *duplicata* à l'opposant n'aurait contre ce dernier, si l'opposition avait été faite sans droit, qu'une action personnelle. Or, malgré cette déchéance, rien n'empêche le titre annulé de reparaître et de rentrer dans la circulation : et comme il n'est marqué d'aucun signe extérieur qui le disqualifie, il pourrait servir à tromper des tiers de bonne foi, si l'article 15 *in fine* n'imposait à l'opposant l'obligation de garantir par un dépôt ou par une caution la publication du titre frappé de déchéance, pendant dix ans, avec une mention spéciale, au *Bulletin quotidien des oppositions*. Cette précaution était indispensable pour porter la déchéance du premier titre à la connaissance des tiers. La loi de 1872 n'a pas fixé de délai plus long, dans la double crainte d'imposer des frais de publication excessifs aux opposants et d'encombrer le *Bulletin*.

Donc, à l'expiration de ces dix ans, le danger d'une réapparition des titres annulés doit forcément renaître, et si ce danger pouvait être minime au lendemain de la promulgation de la loi de 1872, il n'en était plus de même en 1902. En effet, un grand nombre de titres ont été délivrés en duplicata il y a plus de dix ans, entraînant ainsi la déchéance de ceux dont ils prenaient la place. Les premiers duplicata ont été délivrés en 1884, et les opposants, entrés en possession de leurs nouveaux titres, ont payé le coût de la publication des titres annulés au *Bulletin* jusqu'en 1894. Depuis cette époque, ces titres annulés ont pu circuler à nouveau sur le marché, et le Syndicat des agents de change, comprenant le danger de cette éventualité, a maintenu au *Bulletin* les numéros de ces titres annulés qu'il aurait eu le droit de faire rayer : il n'a pas voulu laisser remettre en circulation des titres annulés en réalité, mais qu'aucune publication ne signalerait à l'attention des tiers. Aucune loi ne lui imposait cette précaution, qui a seule pu prévenir d'innombrables difficultés, prévues d'ailleurs par le législateur de 1872, mais que celui de 1902 se trouvait moralement obligé de résoudre (1). Il fallait absolument prendre les mesures

---

1. — Voici en effet comment s'exprimait le Rapporteur de la loi de 1872, après avoir exposé les avantages de la publication des titres annulés au *Bulletin* pendant dix ans :

« Grâce à cette précaution, le danger s'éloigne et devient plus rare : mais
« nous n'oserions pas dire qu'il est entièrement conjuré. Pour le rendre
« impossible, il eût fallu grever les propriétaires dépossédés d'une publication
« indéfinie, ce que nous n'avons pas cru possible. Du reste, le plus souvent,

nécessaires pour éviter la réapparition sur le marché des titres frappés d'opposition et annulés ; il fallait empêcher les procédures établies par la loi de 1872 de nuire à la circulation des titres au porteur.

7. — But des réformes réalisées par la loi du 8 février 1902. — Tel est bien, en effet, le problème qu'avait à résoudre le législateur de 1902. Lorsqu'il s'agit de réglementer la revendication des titres au porteur perdus ou volés, deux intérêts se trouvent en présence : celui du propriétaire dépossédé, qui désire le plus tôt possible rentrer en possession de ses titres, et celui des tiers, qui peuvent acquérir ces titres de bonne foi et voudraient les conserver : leur intérêt se confond avec celui de la libre circulation des valeurs mobilières. Or, il ne faut pas oublier qu'à ce point de vue, l'usage abusif des oppositions entraînait fréquemment de graves abus avant la loi nouvelle. Certaines oppositions étaient lancées à la légère et sans vérification sérieuse ; et ce qui le prouve, c'est le nombre considérable de numéros de titres rayés d'office du *Bulletin*, chaque année, par le Syndicat des agents de change, parce que les opposants ne prenaient même plus soin de payer à l'échéance le coût d'une nouvelle année de publication. — De même, on a constaté que de nombreuses oppositions intervenaient à la requête d'héritiers qui, après la mort de leur auteur, trouvaient dans ses livres un numéro de titre omis à l'inventaire de sa succession. Ils en concluaient que ce titre était nécessairement volé, et formaient opposition entre les mains du Syndicat des agents de change, alors que le défunt lui-même avait négocié le titre ! Le propriétaire légitime de celui-ci se trouvait aussitôt inquiété dans son acquisition. — Et nous ne parlons pas des oppositions formées dans un but de lucre et même de chantage, où le seul souci de l'opposant était de spéculer sur l'intérêt que pouvait avoir le propriétaire du titre à s'en débarrasser au moyen d'un léger sacrifice pécuniaire, plutôt que de subir les lenteurs et les frais d'une mainlevée judiciaire !

La loi de 1872 ne contenait, en effet, aucune disposition relative à la mainlevée des oppositions : aussi, même en présence d'une opposition formée sans motif sérieux, le porteur légitime préférait souvent

---

« après l'expiration des délais de publication, l'ancien titre ne pourra se pré-
« senter sur le marché que démuni de coupons ou avec des coupons échus
« depuis plus ou moins longtemps, c'est-à-dire dans un état matériel qui le
« signalera à la défiance des tiers. Il faut ajouter que l'éventualité qui a frappé
« notre attention ne peut se produire avant un délai de vingt-et-un ans à
« compter de la mise en application de la loi, et que, d'ici là, rien n'empê-
« chera de mettre à l'étude, de concert avec les Compagnies, le moyen d'y
« remédier. » Le législateur de 1872 prévoyait donc toutes les difficultés qu'il
a fallu résoudre en 1902.

transiger. En supposant même que les titres ne subissent aucune baisse au cours du procès, les frais occasionnés par une instance en mainlevée étaient assez considérables. Les propriétaires peu fortunés avaient donc plus d'intérêt à abandonner un titre perdu qu'à saisir les tribunaux d'un procès qu'ils étaient cependant sûrs de gagner.

Les rédacteurs de la loi du 8 février 1902 avaient donc un double but à poursuivre : consolider les garanties que la loi de 1872 accordait déjà aux propriétaires dépossédés,et donner plus de sécurité aux transactions qui s'opèrent quotidiennement à la Bourse sur les titres au porteur. C'est à ces deux idées que se rattachent toutes les réformes de détail accomplies par la loi nouvelle, qui ne modifie, comme nous le savons déjà, aucun des principes essentiels de la loi de 1872, et malgré l'apparente contradiction qui les sépare, il nous arrivera souvent de constater que ces deux fins ont pu être atteintes à l'aide des mêmes procédés.

Section II. — **Texte de la loi du 8 février 1902 portant modification de la loi du 15 juin 1872 sur les titres au porteur (1).**

« Art. 1er. — Les articles 2, 3, 4, 5, 7, 11, 13, 15 de la loi du 15 juin 1872 sont modifiés comme suit :

« *Art. 2.* — Le propriétaire dépossédé fera notifier par huissier, au syndicat des agents de change de Paris, acte d'opposition indiquant le nombre, la nature, la valeur nominale, le numéro et, s'il y a lieu, la série des titres, avec réquisition, sous la condition de payement du coût, de publier, dans la forme qui sera ci-après déterminée, les numéros des titres dont il a été dépossédé.

« Il devra aussi, autant que possible, énoncer :

« 1° L'époque et le lieu où il est devenu propriétaire, ainsi que le mode de son acquisition ;

« 2° L'époque et le lieu où il a reçu les derniers intérêts ou dividendes ;

« 3° Les circonstances qui ont accompagné sa dépossession.

« Cet acte comprendra une élection de domicile à Paris.

« Notification sera également faite par huissier, au nom du propriétaire dépossédé, à l'établissement débiteur.

« L'acte contiendra les indications ci-dessus requises pour l'exploit notifié au syndicat des agents de change, et, de plus, à peine de nul-

---

1. — Promulguée au *J. off.* du 9 février 1902, p. 877.

lité, une copie certifiée par l'huissier instrumentaire de la quittance délivrée par le syndicat, du coût de la publication prévue par l'article 11 ci-après. Cette quittance soumise au seul droit de timbre de dix centimes (0 fr. 10), s'il y échet, sera dispensée d'enregistrement. Il sera fait dans l'acte élection de domicile dans la commune du siège de l'établissement débiteur.

« La notification ainsi faite emportera opposition au payement tant du capital que des intérêts ou dividendes échus ou à échoir, jusqu'à ce que mainlevée en ait été donnée par l'opposant ou ordonnée par justice, ou jusqu'à ce que la déclaration ait été faite, par le syndicat des agents de change à l'établissement débiteur, de la radiation de l'opposition.

« S'il s'agit de coupons détachés du titre, il n'y aura pas lieu à la notification au syndicat des agents de change, ni à l'insertion au bulletin quotidien. Le porteur dépossédé ne sera tenu que de l'opposition à l'établissement débiteur.

« *Art. 3.* — Lorsqu'il se sera écoulé une année depuis l'opposition sans qu'elle ait été formellement contredite par un tiers se prétendant propriétaire du titre frappé d'opposition, et que, dans cet intervalle, deux termes au moins d'intérêts ou de dividendes auront été mis en distribution, l'opposant pourra se pourvoir auprès du président du tribunal civil du lieu de son domicile, ou, s'il habite hors de France, auprès du président du tribunal civil du siège de l'établissement débiteur, afin d'obtenir l'autorisation de toucher les intérêts ou dividendes échus, ou même le capital des titres frappés d'opposition, dans le cas où ledit capital serait ou deviendrait exigible.

« Le même droit appartiendra au porteur dépossédé de titres ne donnant pas droit à des intérêts ou dividendes, ou à l'égard desquels il y a eu cessation des distributions périodiques. Mais, en ce cas, il ne pourra être exercé que lorsqu'il se sera écoulé trois ans depuis l'opposition, sans qu'elle ait été contredite dans les termes indiqués ci-dessus.

« *Art. 4.* — Si le président accorde l'autorisation, l'opposant devra, pour toucher les intérêts ou dividendes, fournir une caution solvable dont l'engagement s'étendra au montant des annuités exigibles, et, de plus, à une valeur double de la dernière annuité échue.

« Après deux ans écoulés depuis l'autorisation, sans que l'opposition ait été contredite dans les termes de l'article 3, la caution sera de plein droit déchargée.

Si l'opposant ne veut ou ne peut fournir la caution requise, il pourra, sur le vu de l'autorisation, exiger de la compagnie le dépôt, à la Caisse des dépôts et consignations, des intérêts ou dividendes échus et de ceux à échoir au fur et à mesure de l'exigibilité.

« Après deux ans écoulés depuis l'autorisation, sans que l'opposition ait été contredite dans les termes de l'article 3, l'opposant pourra retirer de la caisse des dépôts et consignations les sommes déposées et percevoir librement les intérêts ou dividendes à échoir, au fur et à mesure de leur exigibilité.

« *Art. 5.* — Si le capital des titres frappés d'opposition est devenu exigible, l'opposant qui aura obtenu l'autorisation ci-dessus pourra en toucher le montant, à charge de fournir caution. Il pourra, s'il le préfère, exiger de la compagnie que le montant dudit capital soit déposé à la Caisse des dépôts et consignations.

« Lorsqu'il se sera écoulé dix ans depuis l'époque de l'exigibilité et cinq ans au moins à partir de l'autorisation sans que l'opposition ait été contredite dans les termes de l'article 3, la caution sera déchargée, et, s'il y a eu dépôt, l'opposant pourra retirer de la Caisse des dépôts et consignations les sommes en faisant l'objet.

« *Art. 7.* — En cas de refus de l'autorisation dont il est parlé en l'article 3, l'opposant pourra saisir, par voie de requête, le tribunal civil de son domicile, ou, s'il habite hors de France, le tribunal civil du siège de l'établissement débiteur, lequel statuera après avoir entendu le ministère public. Le jugement obtenu dudit tribunal produira les effets attachés à l'ordonnance d'autorisation.

« *Art. 11.* — Sur le vu de l'exploit mentionné en l'article 2 et de la réquisition y contenue, le syndicat des agents de change de Paris sera tenu de publier les numéros des titres dont la dépossession lui est notifiée.

« Cette publication, qui aura pour effet de prévenir la négociation ou la transmission desdits titres, sera faite le surlendemain, au plus tard, par les soins et sous la responsabilité du syndicat des agents de change de Paris, dans un bulletin quotidien, établi et publié dans les formes et sous les conditions déterminées par un règlement d'administration publique.

« Le même règlement fixera le coût de la rétribution annuelle due par l'opposant pour frais de publicité. Cette rétribution annuelle sera payée d'avance à la caisse du syndicat, faute de quoi la dénonciation de l'opposition ne sera pas reçue, ou la publication ne sera pas continuée à l'expiration de l'année pour laquelle la rétribution aura été payée.

« Un mois après l'échéance de la publication non renouvelée, le syndicat fera parvenir à l'établissement débiteur la liste des titres qui n'auront pas été maintenus au bulletin des oppositions ; avis lui sera donné, en même temps, que cette notification lui tient lieu de mainlevée pour tous payements de coupons, remboursements de capital, conversions, transferts, etc., et lui donne pleine et entière décharge, à condition que les numéros signalés comme rayés du bulletin concordent bien avec ceux inscrits sur les registres de la compagnie comme frappés d'opposition.

Art. 13. — Les agents de change doivent inscrire sur leurs livres les numéros des titres qu'ils achètent ou qu'ils vendent.

« Ils mentionneront sur les bordereaux d'achats les numéros livrés. Un règlement d'administration publique déterminera le taux de la rémunération qui sera allouée à l'agent de change pour cette inscription des numéros.

« La négociation qui rend sans effet toute publication postérieure de l'opposition sera réputée accomplie dès le moment où aura été opérée sur les livres des agents de change l'inscription des numéros des titres vendus pour compte du donneur d'ordre et livrés par lui.

« Si la publication, bien que postérieure à cette inscription, survient avant la livraison ou l'attribution au donneur d'ordre, ou à l'agent de change acheteur, l'opposant pourra, sur la demande de mainlevée formée par l'agent de change ou par tout autre ayant droit, réclamer les titres contre remboursement du prix, par application de l'article 2280 du code civil.

Art. 15. — Lorsqu'il se sera écoulé dix ans depuis l'autorisation obtenue par l'opposant, conformément à l'article 3, et que, pendant ce laps de temps, l'opposition aura été publiée sans être contredite dans les termes dudit article, l'opposant pourra exiger de l'établissement débiteur qu'il lui soit remis un titre semblable et subrogé au premier, avec la mention qu'il est délivré par duplicata.

« Le titre délivré en duplicata conférera les mêmes droits que le titre primitif et sera négociable dans les mêmes conditions.

« Dans le cas du présent article, le titre primitif sera frappé de déchéance, et le tiers qui le représentera après la remise du nouveau titre à l'opposant n'aura qu'une action personnelle contre celui-ci, au cas où l'opposition aurait été faite sans droit.

« L'opposant qui réclamera de l'établissement un duplicata payera les frais qu'il occasionnera.

« Il devra, de plus, payer à l'avance la publication faite au bulletin, à la rubrique des titres frappés de déchéance, pour le nombre d'années représenté par la feuille des coupons attachée au titre, sans que cette publication puisse, en aucun cas, être limitée à une durée inférieure à dix ans.

« Un règlement d'administration publique fixera le coût de la somme à payer au syndicat pour la publication supplémentaire au delà de dix ans.

« Pour les titres qui ne portent aucun coupon, l'opposant devra verser au syndicat, à l'avance, le prix de la publication pendant dix ans à la rubrique des titres frappés de déchéance ».

Art. 2. — Sont ajoutées à la loi les dispositions suivantes :

« *Art. 17.* — Le porteur d'un titre frappé d'opposition peut poursuivre la mainlevée de cette opposition de la manière suivante :

« Il fera sommation à l'opposant d'avoir à introduire, dans le mois, une demande en revendication, qui sera portée devant le tribunal civil du domicile du porteur actuel du titre.

« Cette sommation sera signifiée au domicile de l'opposant et, si celui-ci n'a pas de domicile connu en France, au domicile élu dans l'opposition notifiée au syndicat des agents de change de Paris.

« Elle indiquera, autant que possible, l'origine et la cause de la détention du titre, ainsi que la date à partir de laquelle le porteur est à même d'en justifier ; en cas d'acquisition par achat, elle indiquera le montant du prix d'achat, et contiendra aussi copie d'un certificat délivré par le syndicat des agents de change, mentionnant la date à laquelle les titres ont paru pour la première fois au bulletin, ledit certificat non soumis au droit d'enregistrement.

« Si la sommation est faite à la requête d'un agent de change dans les conditions prévues au paragraphe 4 de l'article 13, elle devra contenir un extrait certifié conforme des livres de l'agent de change constatant l'inscription des numéros des titres sur ses livres avant leur publication au bulletin.

« Cette sommation contiendra, en outre, assignation à l'opposant à comparaître, dans un délai qui ne pourra pas être moindre d'un mois, à l'audience des référés, devant le président du tribunal du domicile du porteur, pour y entendre, dans les cas qui vont être ci-après spécifiés, prononcer la mainlevée de l'opposition.

« *Art. 18.* — Si au jour de l'audience pour la comparution en référé, l'opposant ne justifie pas avoir introduit une demande en revendication, le juge des référés devra prononcer la mainlevée immédiate.

« Il en sera de même, quoique l'opposant ait introduit sa demande en revendication, si le porteur justifie, par un bordereau d'agent de change ou par d'autres actes probants et non suspects, antérieurs à l'opposition, qu'il est propriétaire des valeurs revendiquées depuis une date antérieure à celle de la publication de l'opposition, et si l'opposant n'offre pas le remboursement du prix d'achat dans les conditions prévues par l'article 2280 du code civil.

« Le juge des référés pourra prononcer la mainlevée, même en dehors de toute justification de propriété de la part du porteur, si l'opposant n'allègue à l'appui de sa demande en revendication aucun fait, ou ne produit aucune pièce, de nature à rendre vraisemblable le bien fondé de sa prétention.

« Dans tous les cas où la mainlevée sera prononcée, le juge des référés aura le droit de statuer sur les dépens.

« Sur la signification de l'ordonnance à l'établissement débiteur et au syndicat accompagnée d'un certificat de non-appel, délivré conformément aux dispositions de l'article 458 du code de procédure civile, l'établissement débiteur et le syndicat devront considérer l'opposition comme nulle et non avenue.

« Ils seront quittes et déchargés, sans pouvoir exiger d'autres pièces ou justifications.

« Art. 19. — Un décret en forme de règlement d'administration publique, déterminera :

« 1° Les formes et les conditions de l'avis à donner en vertu du dernier paragraphe de l'article 11 ;

« 2° Les formes et les conditions dans lesquelles seront tenus les livres visés par l'article 13, et destinés à l'inscription des titres vendus et livrés par les donneurs d'ordre, ainsi que le contrôle auquel ils seront soumis. ».

SECTION III. — **Commentaire de la loi du 8 février 1902.**

8. — Solidarisation des deux oppositions au Syndicat des agents de change et aux Compagnies. — C'est à la fois dans l'intérêt des propriétaires dépossédés et dans celui des tiers que la loi nouvelle solidarise les deux procédures d'opposition établies par la loi du 15 juin 1872, en interdisant au propriétaire de faire opposition au service des intérêts entre les mains du siège émetteur s'il n'a pas, au préalable, notifié une première opposition à la Chambre syndicale des agents de change de Paris. La loi de 1902 rend ainsi un service considérable à l'opposant lui-même, en l'obligeant à prendre, en premier lieu, la mesure la plus importante, celle qui est indispensable pour empêcher la négociation du titre perdu ou volé. Elle donne ensuite aux tiers une sécurité bien plus complète : comme il n'y aura désormais d'autres titres frappés d'opposition que ceux dont le syndicat des agents de change aura inscrit les numéros au *Bulletin,* la seule lecture de ce document suffira pour avertir les acheteurs, et lorsqu'ils auront acquis un titre qui n'y figure pas, ils seront toujours sûrs de pouvoir en toucher les intérêts et le capital à la Compagnie débitrice. Ils ne seront plus exposés, comme aujourd'hui, au danger d'acheter à chaque instant des titres frappés d'une seule opposition (signifiée aux Compagnies seulement). On voit que, dans ce cas, l'intérêt de l'opposant et celui des tiers se confondent.

Les rédacteurs de la loi du 8 février 1902 ont tenu à marquer, même par la disposition matérielle du nouveau texte, l'importance qu'il fallait attacher à l'opposition notifiée au Syndicat des agents de change ; c'est en effet dans le nouvel article 2 de la loi de 1872 qu'ils lui ont donné place, au lieu de la reléguer à l'article 11. Aujourd'hui, cette formalité est la première à remplir, aux termes de l'article 2 ainsi modifié (1), en cas de perte ou de vol de titres au porteur. Le propriétaire dépossédé doit d'abord faire notifier par huissier au Syndicat des agents de change de Paris un acte d'opposition indiquant le nombre, la nature, la valeur nominale, le numéro, et, s'il y a lieu la série des titres, avec réquisition de faire publier dans le *Bulletin des oppositions* les numéros des titres égarés. Cet acte doit contenir l'offre de payer le coût de la publication, ainsi qu'une élection de domicile à Paris. Il doit en outre mentionner, autant que possible :

1° L'époque et le lieu où l'opposant est devenu propriétaire, ainsi que le mode de son acquisition ;

2° L'époque et le lieu où il a reçu les derniers intérêts ou dividendes ;

3° Les circonstances qui ont accompagné sa dépossession.

L'organisation de la publicité donnée à cette opposition est prévue par le nouvel article 11, qui ne fait guère, sur ce point, que reproduire les dispositions de l'ancien. Sur le vu de l'exploit d'opposition et de la réquisition qui y est contenue, la Chambre syndicale des agents de change est tenue, sous sa responsabilité, de publier dans le *Bulletin* les numéros des titres dont la dépossession lui est notifiée. Cette publication doit avoir lieu le surlendemain au plus tard. Le *Bulletin* est établi et publié dans la forme et sous les conditions prévues par le décret du 10 avril 1873, dont les dispositions (et notamment le tarif) ne sont pas modifiées.

Aujourd'hui comme sous l'ancien texte de la loi, la publicité n'est continuée que si l'opposant prend soin de renouveler, chaque année, le paiement des frais de publication au *Bulletin*. Cette rétribution est annuelle et doit, d'après le nouvel article 11, être versée à la fin de chaque année, pour l'année suivante, à la caisse du Syndicat des agents de change. Si ce paiement n'est pas offert au moment où l'opposition est notifiée, la dénonciation de cette dernière n'est pas reçue. Si le paiement, une fois commencé, n'est pas continué les années sui-

---

1. — Cette disposition du texte est l'œuvre de la Commission du Sénat. Le projet du Gouvernement établissait bien entre les deux oppositions la même solidarité que la loi actuelle, mais ne parlait, dans le nouvel article 2, que de l'opposition notifiée à la Société débitrice. L'opposition adressée au Syndicat des agents de change restait confinée dans l'article 11, comme sous l'empire de la loi de 1872. C'est la commission du Sénat qui a réuni les deux oppositions dans le même article 2, tenant ainsi à marquer, par cette différence de rédaction, que non-seulement la signification au Syndicat des agents de change devenait obligatoire, mais qu'elle devait être opérée avec priorité.

vantes, la publication cesse de plein droit, et le Syndicat peut faire, d'office, rayer les numéros du *Bulletin*.

C'est seulement après avoir adressé au Syndicat cette première opposition que le propriétaire dépossédé de ses titres peut adresser la seconde (toujours par voie d'huissier) à l'établissement débiteur. Ce deuxième acte doit renfermer les mêmes indications que le premier (sauf l'élection de domicile, qui sera faite non plus à Paris, mais dans la commune du siège de la Société débitrice). Il devra contenir, à peine de nullité, une copie (certifiée par l'huissier instrumentaire) de la quittance, délivrée par le Syndicat, du coût de la publication au *Bulletin* (1). Il sera donc impossible au propriétaire de faire opposition au siège de l'établissement débiteur, s'il n'a pas, en premier lieu, adressé au Syndicat des agents de change l'opposition prescrite par le nouvel article 2 de la loi de 1872. Faute de cette précaution, la seconde opposition serait nulle. La loi ne permet aux Compagnies de recevoir valablement cette seconde opposition que s'il leur est justifié de la notification de la première au Syndicat des agents de change, au moyen de la quittance délivrée par ce Syndicat lui-même. Les deux oppositions deviennent ainsi solidaires l'une de l'autre, puisque la première constitue désormais un préliminaire indispensable.

Pour accentuer encore cette solidarisation, la loi stipule expressément que l'effet de l'opposition adressée aux Compagnies ne saurait survivre à celui de l'opposition signifiée au Syndicat des agents de change. C'est une seconde innovation aussi importante que la première. Si la publication des numéros des titres perdus au *Bulletin* n'est pas continuée, faute par l'opposant d'en continuer le paiement, le Syndicat des agents de change doit prévenir l'établissement émetteur, qui se trouve déchargé, à son tour, de toute obligation. D'après le nouvel article 11 (4e alinéa), un mois après l'échéance de la publication non renouvelée, le Syndicat fait parvenir à l'établissement débiteur la liste des titres qui n'auront pas été maintenus au *Bulletin des oppositions* : avis lui est donné, en même temps, que cette notification lui tient lieu de mainlevée et lui permet d'effectuer librement, à l'avenir, tous paiements de coupons, remboursements de capital, conversions, transferts, etc. La seule condition de cette mainlevée, dit la loi nouvelle, c'est que les numéros signalés comme rayés du *Bulletin* concordent exactement avec ceux qui étaient inscrits comme frappés d'opposition sur les registres de la Société débitrice (2). — La seconde

---

1.— Le nouvel article 2 ajoute que cette quittance, soumise au seul droit de timbre de 0,10 centimes, s'il y échet, sera dispensée d'enregistrement.

2. — D'après l'article 19 ajouté à la loi de 1872 par le texte actuel, un règlement d'administration publique devait déterminer les formes et les conditions de cet avis donné par le Syndicat des agents de change aux Compagnies.

opposition est donc bien solidaire de la première, puisqu'elle ne peut être faite qu'après elle et que son effet ne peut jamais subsister plus longtemps que celui de l'opposition adressée au Syndicat. Toutes ces conséquences découlent forcément du nouvel article 2 (7e alinéa), aux termes duquel la notification adressée à l'établissement débiteur emporte opposition au paiement tant du capital que des intérêts échus ou à échoir, jusqu'à ce que la mainlevée en ait été ordonnée par justice, ou jusqu'à ce que le Syndicat des agents de change ait averti l'établissement débiteur de la radiation de l'opposition.

Cette solidarisation des deux procédures est peut-être la plus importante des réformes opérées par la loi nouvelle, puisqu'elle sert à la fois les intérêts de l'opposant et ceux des tiers, qui sauront toujours désormais, en consultant le *Bulletin*, si les titres qu'ils achètent sont ou ne sont pas frappés d'opposition. La sécurité du marché financier ne pourra qu'en être augmentée, puisqu'il n'entrera plus jamais dans la circulation de titres frappés d'une seule opposition. Enfin la nécessité de requérir, tout d'abord, la publication au *Bulletin* et d'en offrir le prix diminuera certainement le nombre des oppositions formées à la légère et sans motifs sérieux.

9. — Perte ou vol de coupons détachés d'un titre au porteur: dispense de l'opposition au Syndicat des agents de change. — La loi du 8 février 1902 n'apporte qu'une seule exception à la règle que nous venons d'exposer. Sous l'empire de la législation antérieure, on discutait le point de savoir si l'opposition adressée au Syndicat des agents de change était nécessaire lorsque la perte (ou le vol) ne portait pas sur un titre, mais simplement sur des coupons détachés d'un titre au porteur. Le nouvel article 2 tranche la controverse; en cas de perte de coupons, il n'y aura pas lieu à la notification au Syndicat des agents de change, ni à l'insertion au *Bulletin quotidien*. Le porteur dépossédé ne sera tenu que de la seule opposition à l'éta-

---

Cette détermination a été réalisée par le décret du 8 mai 1902 (voy. son texte dans les *Lois nouvelles*, 1902, 3, 193), dont l'article 1er règle les formes de l'avis en question. Il doit être détaché d'un registre à souches et contenir les indications suivantes, qui figureront également sur les souches :

1° La date de l'exploit d'opposition, avec l'indication des noms de l'huissier et de l'opposant ;

2° La date de l'échéance de la publication non renouvelée ;

3° La date de la radiation des titres au *Bulletin* ;

4° La désignation des titres radiés par leur nature et leurs numéros.

Cet avis, daté du jour de sa délivrance, et signé, doit être envoyé par lettre recommandée. Il doit mentionner qu'en vertu du paragraphe 4 de l'article 11, la notification ainsi faite à l'établissement débiteur lui tient lieu de mainlevée pour tous paiements de coupons, remboursements de capital, conversions, transferts, etc., et lui donne pleine et entière décharge, à condition que les numéros signalés comme rayés du *Bulletin* concordent exactement avec ceux qui sont inscrits sur les registres de la Compagnie comme frappés d'opposition.

blissement débiteur. La raison de cette dispense est facile à trouver :
il s'agit ici de sommes peu importantes, pour lesquelles la fraude est
moins à craindre que pour les titres eux-mêmes. En outre, les coupons détachés ne se négocient guère en Bourse, et en ce qui les concerne, l'opposition signifiée à la Chambre syndicale des agents de
change resterait sans effets pratiques.

**10. — Conséquences de l'opposition notifiée au Syndicat au
point de vue de la responsabilité des agents de change.** — La
loi de 1902, qui a solidarisé les deux procédures d'opposition établies
par celle de 1872, n'en a pas modifié les effets directs : l'opposition
signifiée au Syndicat des agents de change, par exemple, a toujours
pour but de prévenir les négociations et transmissions ultérieures du
titre perdu ou volé. Mais le législateur tenait à préciser les conséquences de cette opposition, toujours dans le double intérêt des opposants et des tiers, au nombre desquels figurent les agents de change,
dont la jurisprudence antérieure aggravait si lourdement la responsabilité. Pour y arriver, il fallait déterminer le moment auquel doit
être considérée comme accomplie la négociation qui, effectuée au profit d'un tiers acquéreur de bonne foi, doit rendre inefficaces toute
opposition et toute publication ultérieures.

Le législateur a tranché dans le sens le plus équitable et le plus
conforme aux intérêts des agents de change la controverse que nous
avons signalée dans la première partie de cette étude. Le nouvel
article 13 de la loi de 1872, modifié par celle du 8 février 1902, commence par reproduire les deux premiers alinéas de l'ancien, en imposant aux agents l'obligation d'inscrire sur leurs livres les numéros des
titres qu'ils achètent ou qu'ils vendent, et celle de mentionner sur les
bordereaux d'achat les numéros livrés (1). Puis la nouvelle loi ajoute à
l'article 13 un troisième paragraphe, aux termes duquel la négociation
qui rend sans effet toute publication postérieure de l'opposition sera
réputée accomplie dès le moment où aura été opérée, sur les livres
des agents de change, l'inscription des numéros des titres vendus pour
le compte du donneur d'ordre et livrés par lui. Donc les seules oppositions qui engageront la responsabilité des agents de change seront
celles qui auront été publiées antérieurement à l'inscription de ces
titres sur leurs livres. Les agents n'auront plus qu'à vérifier, avant
d'y procéder, le point de savoir si les numéros qu'ils inscrivent sont
frappés d'opposition : si leurs recherches leur démontrent qu'il n'en

---

1. — Le nouveau texte, reproduisant l'ancien, fait comme lui allusion à un
règlement d'administration publique déterminant le taux de la rémunération
qui sera allouée à l'agent de change pour cette inscription des numéros sur les
bordereaux d'achat. Mais ce règlement a été réalisé par le décret du 10 avril
1873, et n'est pas modifié par la loi nouvelle.

existe aucune, les agents n'auront plus à craindre aucun recours en garantie (1).

La loi n'apporte à cette solution qu'un seul tempérament, dans le dernier alinéa du nouvel article 13. Si, au moment où l'opposition est publiée au *Bulletin*, les titres vendus ont été pris en charge par l'agent de change, mais n'ont pas encore été appliqués à l'acheteur, l'opposant pourra toujours revendiquer ses titres, mais à condition d'offrir à leur détenteur le remboursement de son prix d'achat, conformément au droit commun de l'article 2280 du Code civil.

Ce dernier paragraphe permet de préciser nettement la portée du nouveau texte. Si on le rapproche du précédent, il en résulte d'une manière évidente que l'inscription qui peut rendre inefficace toute opposition postérieure est celle qui sera effectuée sur les registres de l'agent de change vendeur. Quel est, en effet, le cas où l'opposant ne peut revendiquer ses titres qu'en remboursant au porteur le prix que celui-ci en a donné ? C'est le second cas prévu par notre article, celui de l'opposition publiée après l'inscription des numéros des titres sur les livres des agents de change, mais à un moment où ces titres, quoique pris en charge par les agents, n'ont pas encore été appliqués à l'acheteur (voy. le *Rapport* de M. Grivart, p. 13). Or cette application des titres à l'acheteur ne s'effectue que par une inscription sur le registre de son agent de change : donc l'inscription à partir de laquelle la négociation est considérée comme accomplie est celle qui a lieu sur les registres de l'agent de change vendeur. Peut-être eût-il mieux valu le dire expressément : mais la solution n'en est pas moins certaine. Elle est d'ailleurs conforme au désir du législateur. Dans ce nouveau système, l'agent vendeur ne sera pas obligé de consulter le *Bulletin* avant de payer, ou de ne payer que lorsqu'une application aura été faite à l'acheteur. Il lui suffira de consulter le *Bulletin* au moment où il recevra le titre du client vendeur pour l'inscrire sur ses livres ; la loi ne lui demande pas autre chose, et l'on ne saurait exiger de lui des précautions plus amples sans nuire à la rapidité des transactions et sans entraver le mouvement des affaires (voy. l'*Exposé des motifs* du projet du Gouvernement, p. 7 et 8) (2). C'est donc à partir de l'inscription des numéros des titres sur les livres de l'agent de change vendeur qu'il y aura désormais *négociation* accomplie au sens de la loi du 8 février 1902. L'opposition publiée auparavant conservera tous ses droits à l'opposant, qui pourra revendiquer son titre sans avoir à en rembourser le prix au porteur. Il ne sera tenu à ce remboursement

---

1. — Nous rappelons ici que la loi du 8 février 1902 ne saurait produire, à ce point de vue, aucun effet rétroactif. Voyez *supra*, p. 8, note 2.

2. — Voy. encore en ce sens l'opinion du Rapporteur de la loi de 1872, reproduite *supra*, p. 10, note 1.

que si l'opposition intervient après cette inscription et avant l'application des titres à l'acheteur. Si enfin elle n'est publiée que postérieurement à cette application, l'opposition sera inefficace.

On comprend sans peine l'importance que devaient prendre, à la suite de ces dispositions, les livres des agents de change destinés à l'inscription des numéros des titres livrés par les donneurs d'ordres et vendus pour leur compte. Afin d'assurer la bonne tenue de ces registres, l'article 19 (ajouté par la loi nouvelle à celle de 1872) dispose qu'un règlement d'administration publique déterminera les formes et conditions dans lesquelles ils seront tenus, ainsi que le contrôle auquel ils devront être soumis. Aujourd'hui ce réglement est intervenu sous la forme du décret du 8 mai 1902, dont l'article 2 organise précisément la tenue des livres dont s'agit (1).

11. — Procédure à suivre par l'opposant pour obtenir du Président du tribunal l'autorisation de toucher les revenus et le capital du titre. — La loi de 1902 n'a pas pour unique objet de solidariser les deux oppositions et de réglementer la responsabilité des agents de change. Elle complète encore toute la procédure que l'opposant doit suivre lorsqu'il veut obtenir du Président du tribunal l'autorisation de percevoir les revenus du titre égaré et d'en toucher le capital, s'il devient exigible.

Comme nous le savons déjà, la loi de 1872 exigeait à la fois qu'il se fût écoulé une année depuis l'opposition non contredite et que, dans cet intervalle, deux termes au moins d'intérêts ou de dividendes aient été mis en distribution. Le nouvel article 3 maintient ces deux conditions, mais il accorde le droit d'obtenir cette autorisation au porteur dépossédé de titres qui ne donnaient pas droit à des intérêts ou dividendes, ou dont les revenus avaient cessé d'être périodiquement distribués. Mais dans ce cas, l'opposant ne pourra s'adresser au Président du tribunal que lorsqu'il se sera écoulé trois ans depuis l'opposition, sans qu'elle ait été contredite dans les termes indiqués

---

1. — Voy. ce décret, déjà cité plus haut, dans les *Lois Nouvelles*, 1902, 3, 193. D'après ce texte, les livres tenus par les agents de change en vertu de l'article 13 de la loi de 1872 (modifié par la loi actuelle) devront contenir, dans des colonnes distinctes :

1° Les noms des donneurs d'ordre vendeurs ;

2° La nature des titres vendus et leurs numéros, qui seront inscrits les uns à la suite des autres, sans aucun blanc ni interligne ;

3° La date de la livraison par le vendeur et celle de la vente.

Ces livres seront arrêtés chaque jour, de manière à ne laisser subsister aucun blanc ni interligne, par l'agent de change ou par un de ses fondés de pouvoir, accrédité auprès de la Chambre syndicale des agents de change et agréé spécialement par elle à cet effet. Ils seront soumis au contrôle permanent de la Chambre syndicale : le décret accumule les garanties. Enfin ces livres devront être cotés et paraphés par le Président du tribunal de commerce ou le juge qui le remplace.

par la loi nouvelle. Un plus long délai a paru nécessaire, lorsqu'aucune échéance de dividendes ou d'intérêts n'est venue solliciter les porteurs à se présenter au siège de la Compagnie, pour donner de la force à la présomption défavorable qui résulte contre eux de leur silence et de leur inaction. — Ce délai de trois ans est précisément celui à l'expiration duquel est déchargée la caution que doit fournir l'opposant, lorsque le Président lui accorde l'autorisation de toucher les revenus de son titre (voy. les paragraphes 2 et 3 du nouvel art. 4).

Le principal objet du nouvel article 3 est en effet de déterminer la nature de la contradiction nécessaire pour empêcher l'opposant d'obtenir du Président du tribunal l'autorisation qu'il sollicite. La loi de 1902 fait cesser la controverse que nous connaissons : elle ne considère plus comme une contradiction suffisante le fait de présenter à l'encaissement de simples coupons détachés du titre volé ou perdu. D'après le nouvel article 3 de la loi de 1872, l'autorisation de toucher les revenus et le capital du titre ne sera refusée à l'opposant que si, pendant l'année qui a suivi son opposition, celle-ci a été formellement contredite par un tiers se prétendant propriétaire du titre. La seule contradiction admise par la loi sera désormais l'affirmation par un tiers de son droit de propriété sur le titre frappé d'opposition. Si aucune contradiction de ce genre ne s'est produite dans l'année qui suit l'opposition, le porteur dépossédé peut se pourvoir auprès du Président du tribunal du lieu de son domicile, par voie de requête, afin d'obtenir l'autorisation de toucher les intérêts, et, le cas échéant, le capital de son titre. Si l'opposant habite hors de France, il devra s'adresser au Président du tribunal du siège de l'établissement débiteur (la loi de 1902 comble ici une lacune de celle de 1872, qui n'avait pas prévu le cas où l'opposant habiterait en pays étranger. Mais, sur les autres points, le nouvel article 3 ne fait guère que reproduire le texte de l'ancien).

Le Président jouit toujours du pouvoir discrétionnaire d'accorder ou de refuser l'autorisation sollicitée, comme sous l'empire de l'ancien texte. S'il la refuse, l'opposant peut saisir, par voie de requête, le tribunal civil de son domicile : s'il habite hors de France, la loi de 1902 lui permet de s'adresser au tribunal du siège de l'établissement débiteur (1). Le Tribunal saisi de ce recours statuera après avoir entendu le Ministère public. S'il accorde la permission réclamée, son jugement produira tous les effets attachés à l'ordonnance d'autorisation.

La loi nouvelle reproduit, sans y apporter de modifications impor-

---

1. — Dans le projet du Gouvernement, l'opposant devait saisir le tribunal du domicile par lui élu dans son acte d'opposition, c'est-à-dire celui du siège de la Compagnie, dans tous les cas. La disposition de la loi est plus pratique.

tantes, les articles 4 et 5 de la loi de 1872, dans le seul but de rendre applicable aux cas qu'ils prévoient la disposition relative à la nature de la contradiction nécessaire, le changement apporté à la rédaction de l'article 3 a sa répercussion nécessaire sur les articles 4, 5 et 15.

12. — Suite. — Garanties exigées de l'opposant pour lui permettre de toucher les revenus et le capital du titre. — Comme sous la loi de 1872, l'opposant ne peut toucher les intérêts ou le capital du titre perdu qu'en fournissant certaines garanties. Il ne faut pas oublier, en effet, que l'opposition ne consiste que dans une affirmation unilatérale de la partie intéressée ; l'autorisation prévue par l'article 3 n'est accordée que sur des présomptions : or celles-ci, malgré la force que leur confère l'absence de contradiction pendant le délai d'un an voulu par la loi, restent toujours des probabilités. Il se peut que le porteur absent soit le propriétaire légitime du titre, et s'il est fait des paiements à l'opposant avant que ce propriétaire ne se révèle, l'équité et la prudence exigent que l'opposant fournisse une garantie pour assurer à ce porteur légitime son paiement éventuel.

La garantie exigée est une *caution*. Aux termes de l'article 4, si le Président du tribunal accorde l'autorisation, l'opposant devra, pour toucher les intérêts ou dividendes attachés au titre, fournir une caution solvable dont l'engagement s'étendra au montant des annuités exigibles, et de plus à une valeur double de la dernière annuité échue (1). — La durée de l'engagement de la caution est de deux ans : lorsque deux ans se seront écoulés depuis l'autorisation sans que l'opposition ait été contredite dans les termes de l'article 3 (c'est-à-dire par un tiers se prétendant propriétaire du titre), la caution est déchargée de plein droit.

Si l'opposant ne peut ou ne veut fournir la caution requise par l'article 4, il pourra, sur le vu de l'autorisation accordée par le Président du tribunal, exiger de la Compagnie débitrice le dépôt à la Caisse des dépôts et consignations des intérêts ou dividendes échus et de ceux à échoir au fur et à mesure de leur exigibilité. Dans ce cas, lorsque deux ans se seront écoulés depuis l'autorisation, sans que l'opposition ait été contredite dans les termes de l'article 3, l'opposant pourra retirer de la Caisse des dépôts et consignations les sommes déposées : il percevra librement, alors, les intérêts ou dividendes échus au fur et à mesure de leur exigibilité.

L'article 5 prévoit l'hypothèse où le capital des titres frappés d'opposition deviendrait exigible : l'opposant qui a obtenu l'autorisation de

---

1. — On estime qu'à défaut de caution, l'opposant est admis à fournir un nantissement en rentes sur l'Etat, conformément à l'article 2041 C. civ. (Lyon-Caen et Renault, *Traité de droit com.*, 3ᵉ éd. t. 2, nᵒ 634, p. 473).

toucher les intérêts peut retirer ce capital, à la charge de fournir caution. Il peut aussi, s'il le préfère, exiger de la Compagnie débitrice que le montant dudit capital soit déposé à la Caisse des dépôts et consignations.

L'obligation de la caution est d'une durée plus longue que s'il s'agissait simplement des revenus : elle n'est déchargée que le jour où il s'est écoulé dix ans depuis l'époque de l'exigibilité et cinq ans au moins depuis l'autorisation de toucher les revenus, sans que l'opposition ait été contredite dans les termes du nouvel article 3. S'il y a eu dépôt à la Caisse des consignations, l'opposant peut retirer, après ces délais, les sommes qui en ont fait l'objet. — Cette différence dans la durée du dépôt ou de l'obligation de la caution provient de ce que le paiement des intérêts ou dividendes se réclame régulièrement dans la pratique, à des intervalles périodiques et rapprochés — tandis que souvent les porteurs de titres, ignorant l'époque de l'exigibilité du capital, tardent longtemps à le demander. Il faut donc qu'un temps relativement assez long s'écoule sans réclamation d'un tiers porteur pour qu'il soit certain qu'aucun ne se présentera.

13. — **Délivrance d'un duplicata.** — La modification apportée au texte de l'article 3 a entraîné certains changements dans celui de l'article 15 qui règle les conditions à remplir par l'opposant pour obtenir un duplicata de son titre. D'après l'ancien article 15, l'opposant ne pouvait faire une semblable demande que s'il s'était écoulé dix ans depuis l'autorisation obtenue du Président du tribunal dans les termes de l'article 3, et si, pendant ce même temps, personne ne s'était présenté pour recevoir les intérêts ou dividendes. Comme ce dernier fait, dans le système actuel, ne constitue plus une contradiction suffisante, le nouvel article 15 supprime cette dernière condition (1). Rien de plus rationnel, puisqu'il est toujours possible que les coupons d'intérêts ou de dividendes présentés aux guichets de la Société débitrice aient été détachés avant la perte du titre, par l'opposant lui-même, et transmis par lui à des tiers, comme monnaie courante, antérieurement à l'opposition.

Le nouvel article 15 exige simplement que dix ans se soient écoulés depuis l'autorisation et que, pendant cette durée, l'opposition ait été

---

1 — Cette suppression a entraîné celle du troisième alinéa de l'ancien article 15, aux termes duquel le temps pendant lequel l'établissement débiteur n'aurait pas mis en distribution de dividendes ou d'intérêts ne devait pas être compté dans le délai de dix ans. Une pareille disposition ne se comprendrait plus dans un texte dont il résulte que la simple présentation de coupons d'intérêts ou de dividendes n'est pas une contradiction suffisante pour empêcher l'opposant d'obtenir, à l'expiration de ce délai, un *duplicata* de son titre égaré.

publiée sans être contredite dans les termes du nouvel article 3, c'est-à-dire sans qu'aucun tiers se soit présenté pour affirmer qu'il était propriétaire des titres frappés d'opposition.

Lorsque ces deux conditions seront réunies, l'opposant aura le droit, comme sous la loi ancienne, d'exiger de l'établissement débiteur la remise d'un nouveau titre semblable et subrogé au premier. Ce titre devra porter le même numéro que le titre originaire, avec la mention qu'il est délivré en *duplicata*. Il conférera les mêmes droits que le titre primitif et sera négociable, dans les mêmes conditions.

Lorsque le *duplicata* sera ainsi délivré, le titre perdu et remplacé de cette manière sera frappé de déchéance, et le tiers qui le représentera après la remise du nouveau titre à l'opposant n'aura contre celui-ci qu'une action personnelle, au cas où l'opposition aurait été faite sans droit.

La loi nouvelle prescrit toujours la publication du numéro du titre frappé de déchéance dans le *Bulletin quotidien des oppositions*, afin d'empêcher la réapparition sur le marché des titres ainsi annulés : l'opposant doit toujours, non seulement payer à la Compagnie les frais occasionnés par la remise du duplicata, mais verser à l'avance le coût de la publication au *Bulletin* du numéro du titre annulé, à la rubrique des *titres frappés de déchéance*. Mais, tandis que cette publication ne durait que dix ans d'après l'ancien article 15, elle doit, d'après la loi actuelle, être continuée pendant le nombre d'années représenté par la feuille de coupons attachée au titre, sans que la durée de cette publication puisse, en aucun cas, être inférieure à dix ans.

On sait, en effet, qu'un titre cesse d'être négociable en Bourse lorsqu'il n'a plus de coupons attachés : le jour où la feuille de coupons est épuisée, les porteurs déposent leurs titres aux guichets des Compagnies, qui les renouvellent et y rattachent de nouvelles feuilles. A ce moment, tous les titres passent sous les yeux de la Société qui les a émis, et il lui sera toujours facile d'arrêter au passage ceux que la lecture du *Bulletin des oppositions* lui montrera comme frappés de déchéance. C'est donc ce jour-là que cessera le danger de leur réapparition sur le marché et que, par conséquent, la publication de leurs numéros au *Bulletin* peut elle-même cesser sans inconvénient. Le porteur qui les conserverait après cette époque ne pourrait les présenter que démunis de coupons, c'est-à-dire dans un état qui éveillerait la méfiance de tout le monde et les rendrait inutilisables pour lui. Il suffira donc de publier les titres annulés au *Bulletin*, jusqu'à l'échéance de leur dernier coupon : c'est ce que prescrit le nouveau paragraphe 5 de l'article 15.

Cette publication aura lieu, cela va sans dire, par les soins du Syndicat des agents de change, qui ne sera plus obligé, comme aujourd'hui, de continuer des publications qui auraient dû cesser depuis plusieurs années : la remise en circulation des titres dont il aura été délivré un duplicata sera rendue impossible.

L'article 15 prévoyait un règlement d'administration publique destiné à fixer le coût de la somme que l'opposant devrait payer au Syndicat pour la publication supplémentaire du titre annulé au *Bulletin* — lorsque cette publication durerait plus de dix ans. Cet objet a été rempli par un second décret du 8 mai 1902 (1).

Enfin le nouvel article 15, dans son dernier paragraphe, détermine la durée de la publication au *Bulletin* pour les titres qui ne portent aucun coupon : dans ce dernier cas, l'opposant devra simplement verser au Syndicat des agents de change, à l'avance, le prix de la publication du numéro annulé au *Bulletin*, pendant dix ans, à la rubrique des *titres frappés de déchéance*.

14. — Nouvelle procédure de mainlevée des oppositions. — Toutes les réformes que nous venons d'analyser s'expliquent par le désir, chez le législateur, de consolider les garanties accordées aux opposants et d'accroître en même temps la sécurité du marché financier. Cette dernière idée est la seule qui ait inspiré la rédaction des deux articles 17 et 18, par lesquels la loi de 1902 complète celle de 1872, et qui contiennent la procédure, désormais très simple, dont le porteur d'un titre frappé d'opposition devra se servir pour en obtenir la mainlevée.

Le législateur ne doit pas, en effet, se préoccuper seulement de l'hypothèse où l'opposition est employée par un propriétaire légitime, victime d'un vol ou d'une perte : il doit aussi prévoir celle où l'opposition est formée à tort, par un porteur qui n'est pas le véritable propriétaire, et qui place ainsi ce dernier dans l'obligation d'en demander mainlevée. Or si la loi permet à l'opposant d'entraver, par sa seule affirmation (2), la circulation d'un titre au porteur, il est de toute justice que le porteur victime d'une opposition lancée à la légère puisse en obtenir facilement la mainlevée. En oubliant de prévoir ce point, le législateur de 1872 avait obligé le porteur à employer la voie longue et dispendieuse d'un procès ordinaire. La loi du 8 février 1902

---

1. — Il s'agit en effet d'un décret autre que celui que nous avons cité, quoiqu'il date du même jour, et dont on retrouvera le texte dans les *Lois nouvelles*, 1902, 3, 194. Le coût de la publication supplémentaire après l'expiration de la seconde période de dix ans, prévue au cinquième alinéa de l'article 15 (nouveau), est de 0,25 centimes par numéro de valeur et par an. Il est inférieur de moitié au prix payé pour la période précédente (voy. *supra*, p. 3, note 3).

2. — L'opposition n'est pas autre chose, puisqu'elle n'est et ne peut être accompagnée, au moment où elle est formée, d'aucune vérification judiciaire du droit de l'opposant. Il ne convient donc pas que la mainlevée en soit longue et coûteuse à obtenir.

lui permet de s'adresser simplement au juge des référés : il ne sera forcé de recourir au tribunal civil qu'en cas de contestation de la part de l'opposant.

La procédure nouvelle débute par une sommation que le porteur doit adresser à l'opposant, pour lui enjoindre d'avoir à introduire, dans le délai d'un mois, une demande en revendication, qui devra être portée devant le tribunal civil du lieu où est domicilié le porteur actuel du titre. La loi veut que l'opposant soit mis en demeure de prouver son droit de propriété, s'il est propriétaire des titres.

Cette sommation sera signifiée au domicile de l'opposant, et si celui-ci n'a pas de domicile connu en France, au domicile élu dans l'opposition notifiée au Syndicat des agents de change de Paris.

Elle indiquera, autant que possible, l'origine et la cause de la détention du titre par le porteur actuel, ainsi que la date à partir de laquelle ce porteur est à même d'en justifier. Si ces titres ont été achetés par lui, la sommation indiquera le montant du prix d'achat, et contiendra également copie d'un certificat délivré par la Chambre syndicale des agents de change, mentionnant la date à laquelle les titres ont paru pour la première fois au *Bulletin des oppositions* (1).

L'article 17 (nouveau) prévoit le cas où la sommation est faite à la requête d'un agent de change, dans les conditions prévues au paragraphe 4 de l'article 13, c'est-à-dire au cas où la publication de l'opposition au *Bulletin*, bien que postérieure à l'inscription sur les livres de l'agent des numéros des titres livrés par le donneur d'ordre et vendus pour son compte, est intervenue avant la livraison ou l'attribution des titres au donneur d'ordre ou à l'agent de change acheteur. On se rappelle que, dans cette hypothèse, le titre peut être revendiqué par l'opposant, mais à la condition par lui de rembourser son prix d'achat au porteur. L'agent de change, qui est tenu à garantie envers ce porteur auquel il a vendu le titre, a intérêt à obtenir mainlevée de l'opposition. La sommation qu'il adressera à l'opposant devra contenir un extrait certifié conforme de ses livres, constatant l'inscription des numéros des titres sur lesdits livres avant le moment où ils ont été publiés au *Bulletin*.

La sommation doit enfin contenir assignation à l'opposant pour comparaître, dans un délai qui ne peut être moindre d'un mois, à l'audience des référés, devant le Président du tribunal du domicile du porteur, pour y entendre, le cas échéant, prononcer la mainlevée de l'opposition.

L'article 18 décide que si, au jour de l'audience fixée par l'assignation pour la comparution en référé, l'opposant ne justifie pas avoir introduit une demande en revendication, le juge des référés devra pronon-

---

1. — Ce certificat ne sera pas soumis au droit d'enregistrement.

cer la mainlevée immédiate de l'opposition. En négligeant d'introduire son action, l'opposant laisse suffisamment deviner qu'il est incapable de prouver son droit de propriété sur les titres.

Il en sera de même, quoique l'opposant ait introduit sa demande en revendication, si le porteur justifie, par un bordereau d'agent de change ou par d'autres actes probants et non suspects, antérieurs à l'opposition, qu'il est propriétaire des valeurs revendiquées depuis une date antérieure à celle de la publication de l'opposition (cas auquel celle-ci est inefficace), et si l'opposant n'offre pas le remboursement du prix d'achat dans les conditions prévues par l'article 2280 du Code civil.

Le juge des référés peut enfin prononcer la mainlevée, même en dehors de toute justification de propriété de la part du porteur, si l'opposant n'allègue à l'appui de sa demande en revendication aucun fait ou ne produit aucune pièce de nature à rendre vraisemblable le bien fondé de sa prétention. Dans ce cas, en effet, rien ne vient ébranler la présomption de propriété qui résulte, au profit du porteur, de l'article 2279 du Code civil.

L'article 18 ajoute que, dans tous les cas où la mainlevée sera prononcée, le juge des référés aura le droit de statuer sur les dépens. Les rédacteurs de la loi de 1902 ont cru nécessaire de lui attribuer ce pouvoir spécial, qu'on lui a souvent contesté à raison du caractère tout particulier de sa juridiction. Souvent, en effet, il arrivera qu'après la mainlevée prononcée, l'opposant se gardera de donner suite à des prétentions condamnées peut-être par l'évidence des faits, et dans ces conditions il serait contraire à toute justice d'obliger le porteur, injustement troublé dans sa possession, à intenter un nouveau procès pour obtenir le remboursement des frais exposés dans l'instance en référé. Il sera donc équitable que le Président du tribunal, dans son ordonnance, statue sur les dépens (remarquons que la loi ne lui accorde pas le même pouvoir lorsqu'il déboute le porteur de sa demande en mainlevée : les dépens seront nécessairement réservés, dans ce cas).

Il ne faut pas oublier, toutefois, que, même en cette matière où l'on étend ses pouvoirs (dans une certaine mesure tout au moins), le juge des référés ne statue jamais qu'à fins provisoires, sans pouvoir trancher le litige d'une façon définitive. C'est devant les tribunaux ordinaires et suivant la procédure de droit commun qu'il recevra sa solution finale, si l'opposant persiste dans sa prétention à la propriété des titres, et si, après la mainlevée de l'opposition, il manifeste encore la volonté d'en déférer les causes à la justice.

L'article 18 ne contient aucune règle particulière en ce qui concerne l'appel des décisions qu'il prévoit. Il se réfère donc implicitement aux dispositions de l'article 809 du C. procéd. civile, qui constituent le droit commun pour les ordonnances de référé.

Après avoir décrit les formes de la mainlevée, le nouvel article 18 en indique les effets de la manière la plus simple. L'ordonnance de mainlevée doit être signifiée à l'établissement débiteur et au Syndicat des agents de change, en même temps qu'un certificat de non-appel, délivré conformément aux dispositions de l'article 548 du C. procéd. civile. Sur cette signification, l'établissement débiteur et le Syndicat devront considérer l'opposition comme nulle et non avenue. Ils seront quittes et déchargés, sans pouvoir exiger d'autres pièces ou justifications.

15. — Conclusion. — En résumé, la loi du 8 février 1902 ne modifie aucun des principes établis par celle du 15 juin 1872. Elle se borne à une série de réformes de détail dont la pratique avait montré la nécessité, et dont la jurisprudence avait presque toujours préparé la solution dans le sens indiqué par la loi actuelle. Mais elle est loin de trancher toutes les questions soulevées par l'interprétation de la loi de 1872. Elle laisse subsister certaines controverses des plus graves, comme par exemple celle qui porte sur les obligations incombant aux personnes qui peuvent avoir à opérer la transmission d'un titre au porteur, lorsqu'elles s'aperçoivent que ce titre est perdu ou volé. On discute toujours la question de savoir si l'article 12 de la loi de 1872 (non modifié par les textes récents) a pour effet d'immobiliser les titres égarés entre les mains des agents de change et même de tous les tiers (tel qu'un établissement de crédit) qui peuvent se trouver chargés d'effectuer la transmission d'un titre au porteur. Les lois de 1872 et de 1902 sont muettes sur ce point, et l'article 10 de la loi de 1872 (texte qui n'a pas été non plus modifié) n'impose l'obligation de retenir les titres frappés d'opposition qu'à l'établissement débiteur auquel ils sont présentés. La controverse subsiste donc, même après la loi nouvelle. On sait que la Cour de cassation étend cette obligation de retenir le titre à l'agent de change. D'après son arrêt du 13 février 1884, la loi de 1872 et les règles du droit commun n'obligent pas l'agent de change, auquel les titres frappés d'opposition ont été remis, soit pour en opérer la négociation, soit en exécution d'une négociation antérieure, à restituer ces titres au tiers porteur de qui il les a reçus, avant qu'il ait été fait droit entre ce tiers porteur et l'opposant. La Cour suprême ajoute que l'agent de change, constitué détenteur des titres, ne saurait même s'en dessaisir en dehors de l'opposant, sans exposer sa responsabilité envers ce dernier (Cass. req. 13 février 1884, *Sir.* 86, 1, 419).

Cette jurisprudence est combattue par certains auteurs comme contraire aux principes qui régissent les rapports de mandataire à mandant (Buchère, *Opérations de Bourse*, n° 915. Wahl, *Titres au porteur*, t. 2, n° 1058. Deloison, *Valeurs mobilières*, p. 690 et suiv.).

Les tribunaux décident en général que les tiers porteurs de titres frappés d'opposition ont le droit de restituer à leurs correspondants les valeurs suspectes qu'ils tiennent d'eux (Trib. civ. Seine, 30 janvier 1885, *le Droit* du 12 mars 1885. — Trib. civ. Marseille, 14 avril 1893, le *Droit financier*, 1893, p. 408). Par contre, un jugement récent du tribunal civil de la Seine (6° ch.), du 8 février 1902 (*Gaz. des Trib.* du 13 mars 1902) décide que l'opposition immobilise le titre perdu non seulement entre les mains des agents de change, mais encore entre les mains de tous les tiers pouvant avoir à opérer la transmission du titre. Il en conclut que la banque ou l'établissement de crédit qui, avisé de l'existence d'une opposition sur un titre au porteur, ne garde pas ce titre dans sa caisse, en attendant qu'il soit statué sur le mérite de l'opposition, mais le retourne à son client qui l'a chargé d'en percevoir les coupons, commet envers le propriétaire dépossédé une faute qui engage la responsabilité de la banque. Le tribunal de la Seine étend donc à tous les tiers dépositaires l'obligation de retenir le titre que la Cour de Cassation n'imposait qu'à l'agent de change. Cette jurisprudence pourrait se justifier, avec raison, par l'article 1938 du Code civil, aux termes duquel, lorsque le dépositaire découvre que la chose déposée entre ses mains a été volée, il doit dénoncer, au véritable propriétaire, le dépôt qui lui a été fait, avec sommation de le réclamer dans un délai déterminé et suffisant.

Quoi qu'il en soit, la question est grave, et le législateur de 1902 n'a même pas songé à la trancher. Il encourrait donc les reproches les plus sérieux, s'il avait entendu faire œuvre complète : mais telle n'a pas été certainement sa prétention. Il s'est borné à réaliser un certain nombre d'améliorations pratiques dont l'urgence n'était pas discutable : et pour ne rappeler que deux exemples, la publicité absolue donnée à toutes les oppositions, par la solidarité que la loi nouvelle établit entre les deux procédures, ainsi que le fait d'empêcher d'une manière absolue la réapparition sur le marché des titres frappés de déchéance, constituent des progrès incontestables sur la législation antérieure. De semblables réformes sont assez importantes pour démontrer que, restreintes dans certaines limites, les précautions prises par la loi de 1872 pour assurer la revendication des titres au porteur perdus ou volés ne sauraient porter à la négociation des valeurs de Bourse aucun préjudice réel.

PAUL MAGNIN.
Avocat. Docteur en droit.

TABLE DES MATIÈRES

Mayenne, imprimerie Ch. COLIN. *Spécialité de publications périodiques.*

EN VENTE

AUX BUREAUX DES *LOIS NOUVELLES*

Contributions indirectes. — Traité de jurisprudence générale en matière de contributions indirectes, par A. Bertrand, directeur des contributions indirectes et P. Deschamps commis principal à la direction générale des contributions indirectes. — 2 forts vol. br. prix . . . . 12 fr.

Code Rural. — Commentaires de la loi du 8 avril 1898 sur le **régime des eaux** et de la loi du 21 juin 1898 sur la police administrative, par Georges Graux, avocat, député du Pas-de-Calais et C. Renard, docteur en droit. — 1 vol. br. prix . . . 5 fr.

Courses de chevaux. — Commentaire de la loi sur les courses de chevaux et les paris aux courses, par G. Laya, avocat à la cour de Paris. — 1 vol. br. prix . . . . 1 fr. 50

Crédit agricole. — Manuel des sociétés de crédit agricole. — Commentaire de la loi du 5 novembre 1894, par M. E. Benoît-Lévy, avocat à la cour de Paris, secrétaire général de la Société de propagation du crédit populaire. 1 vol. br. prix. . 1 fr. 50

Douanes. — Le nouveau tarif des douanes. — Commentaire de la loi du 11 janvier 1892, par L. Dejamme, auditeur du conseil d'Etat. — 1 vol. br., prix. . . . . 3 fr. 50

Saisie-arrêt. — La saisie-arrêt des gages, salaires et petits traitements. — Commentaire nouveau de la loi du 12 janvier 1895, au courant de la jurisprudence et de la doctrine les plus récentes. par E. Schaffhauser et H. Chevresson. — 1 vol. br. prix 4 fr. 50

Secours mutuels. — Commentaire de la loi du 1er avril 1898 sur les Sociétés de secours mutuels, par Raoul de la Grasserie, juge au tribunal civil de Rennes. — 1 vol. br. prix. . 2 fr. 50

Commentaire des Tarifs des actes d'huissiers par O. Raviart ▉ avoué à Beauvais, directeur du Bulletin de la taxe. — Un volume in-8°, prix. . . . . 3 fr. 50

Commentaire des Tarifs en matière civile, par O. Raviart ▉, avoué à Beauvais, *Vice-Président de la conférence des avoués de première instance des départements*, Directeur du *Bulletin de la taxe.* Deuxième édition, revue et considérablement augmentée. — Un fort volume in-8°, prix. . . . . . . 8 fr.

Warrants agricoles. — Commentaire de la loi du 18 juillet 1898 sur les Warrants agricoles, par Victor Emion, juge de paix à Paris. — 1 vol. br. prix. . . . . 1 fr. 50

www.ingramcontent.com/pod-product-compliance
Ingram Content Group UK Ltd.
Pitfield, Milton Keynes, MK11 3LW, UK
UKHW022217070726
13613UKWH00004B/1730